我と汝

マルティン・ブーバー
野口啓祐 訳

講談社学術文庫

目次

我と汝

かく待ちたれば、われ、なんじより
窮極をかち得たり
すべての元素に宿りたまう御神を……
ゲーテ

第一篇　根源語

ひとは世界にたいして二つのことなった態度をとる。それにもとづいて世界は二つとなる。

ひとの態度は、そのひとが語る根源語の二つのことなった性質にもとづいて、二つとなる。

根源語は孤立した語ではない。複合的な語である。

根源語の一つは〈われ〉－〈なんじ〉であり、他は〈われ〉－〈それ〉である。ただし、この場合、〈それ〉のかわりに、〈かれ〉、あるいは〈かの女〉という言葉を使っても、根源語にかわりはない。

上のことからして、ひとが〈われ〉というとき、その〈われ〉には二重の意味のあることがわかる。なぜなら、〈われ〉－〈なんじ〉における〈われ〉と、〈われ〉－〈それ〉における〈われ〉とは、たとえ言葉は同じでも、意味するところはまったく違っているからである。

*

以上いずれの根源語ももの
を示さず、ものとものとの関係をあきらかにするにすぎない。

根源語は、それと関係なく存在しているものを示さない。しかし、根源語が話されると、それによって同時に現存がもたらされる。

いずれの根源語も、存在者それ自身によって語られる。〈なんじ〉という語が語られるときは、複合語〈われ〉－〈なんじ〉の〈われ〉が同時に語られている。〈それ〉という語が語られるときは、複合語〈われ〉－〈それ〉の〈われ〉が同時に語られている。

〈われ〉－〈なんじ〉という根源語は、全人格を傾倒してはじめて語ることができる。〈われ〉－〈それ〉という根源語は、全人格を傾倒して語ることができない。

＊

〈われ〉は、〈われ〉だけでは存在し得ない。存在するのは、〈われ〉－〈なんじ〉における〈われ〉か、〈われ〉－〈それ〉における〈われ〉のみである。

ひとが、〈われ〉というとき、そのひとは、〈われ〉－〈なんじ〉の〈われ〉か、〈われ〉－〈それ〉の〈われ〉か、いずれか一方を指している。ひとが〈われ〉というとき、かれの語る〈われ〉は現存する。さらにひとが、〈なんじ〉あるいは〈それ〉というとき、二つの根源語におけるそれぞれの〈われ〉もまた現存する。

〈われ〉を語ることと、〈われ〉が存在することとは同一である。〔編集部註（訳文脱落のため補足）〈われ〉を語ることと、根源語のうちのいずれかを語ることとは同一である。〕

ひとが根源語を語るとき、そのひとはその言葉のうちに入り、またそのうちに宿る。

*

人間生活は他動詞の領域だけでいとなまれるものではない。それは、あるものを目的とする活動ばかりでなりたっているのではない。

わたしはなにかを認める。なにかを意識する。またなにかを想像し、志向し、体感し、思惟する。しかし、人間生活はこのようなこと、あるいはこれと類似したことだけでできているのではない。

このようなこと、あるいはこれに類似したことがあつまってこしらえ上げているのが、〈それ〉の世界である。

ところが、〈なんじ〉の世界はこれとは違った基礎に立っている。

〈なんじ〉を語る場合、それを語るひとにとっては、なにものも対象として存在してはいない。なぜなら、一つのものが存在するところにはかならず、他のものが存在するからである。〈それ〉は他の〈それ〉と境を接し、他の〈それ〉に限定されてはじめて〈それ〉として存在するのである。これに反して、〈なんじ〉を語る場合、ものは存在しない。なぜなら、〈なんじ〉は、〈なんじ〉を限定するなにものも持たないからである。

〈なんじ〉を語るとき、それを語るひとには、ものは存在しない。いや、なにも存在しない。〈なんじ〉を語るひとは、まさに関係の場に立つのみである。

＊

一般に「ひとは経験によって自分の世界を認識する」といわれている。これはどういう意味であろうか。

ひとは事物の表面をさぐって、事物を経験する。つぎに、それにもとづいて事物の性質に関する知識を得る。つまりかれは、事物から一つの経験をひき出すわけである。ひとはこうして、事物に属するすべての事柄を経験するのである。

しかしながら、世界は、経験的認識によってのみ、あきらかにされるのではない。経験によってあきらかにされるのは、〈それ〉と、〈かれ〉と、〈かの女〉と、そして、また〈それ〉の世界にすぎない。

われわれはあるものを経験する。――この場合「外的経験」ばかりでなく、それに「内的経験」を付け加えたところで、経験は依然として経験にすぎない。内的経験といい、外的経験という。しかし、それは死の神秘を減じたいと願う人間の欲望から生じた、つかの間の区別にすぎない。内的事象といい、外的事象という。しかし、それらは、もの、もの、もの、まさにもの以外のなにものでもないのである。

われわれはあるものを経験する。――この場合、経験の種類を「目に見える」ものばかりでなく、「目に見えない」ものにまでひろげたところで、経験は依然として経験にすぎない。事物の奥底にひそむ密室は、秘伝を受け、秘密を解く鍵を握ったものにしか近づくことができない。それなのに、わずかの知慧を誇るやからが、この密室を開いて、そのなかをのぞきこもうとするとは、なんという思い上った行為であろうか。知識の切れはしをいかにうずたかく積み上げても、それはいかなるときにも、まさに〈それ〉にすぎないのである。

＊

事物を経験するものは、世界とまったく無関係である。なぜならば、経験による認識は「自己のうちで」おこなわれることであって、「ひとと世界との間で」おこなわれることではないからである。

世界は、人間の経験となんの関係もない。なるほど、世界は甘んじて自己を人間の経験の材料に提供するであろう。しかし、世界そのものは、人間の経験についてまったく無関心なのである。なぜならば、世界は人間の経験になんの作用も及ぼさないし、人間の経験も世界になに一つ附け加えないから。

＊

世界は、人間の経験の対象となるとき、〈われ〉－〈それ〉の根源語に属す。

これに反して関係の世界は、他の根源語、〈われ〉－〈なんじ〉によって作り出される。

＊

関係の世界は、つぎの三つの領域から成り立っている。

第一は自然との共同生活。ここにおいては、関係の世界はいまだ暗闇にとざされ、言葉によって表現することができない。生物はわれわれと向き合って動いている。けれども、われわれにまで達することができない。われわれが生物に向って「〈なんじ〉よ」と呼びかけても、その声はのどがふさがって言葉とはならない。

第二は他人との共同生活。ここでは、関係の世界は開き、はっきりとした言葉の形をとる。われわれはこの世界に〈なんじ〉をあたえ、またそこから〈なんじ〉を受けとることができる。

第三は霊的存在との共同生活。ここでは、関係の世界は密雲におおわれている。しかし、それはしだいにはっきりとした形をとってゆくであろう。ここでは言葉は用いられない。しかし、言葉にかわるものが生み出されてゆくであろう。ここでは〈なんじ〉の存在は認められない。しかし、われわれは、なにものかによって呼びかけられたように感じ、そして、それに答えるであろう……ものを形作り、考え、あるいは行動することによって……。ここでは、実際に言葉によって〈なんじ〉と呼びかけることはできない。しかし、そのかわり、われわれは自分の全身全霊をかけて根源語を発することができるのである。

だが、われわれは一体どんな特権によって、言葉では言いあらわすことのできないものを、根源語の世界にまで導き入れようというのか。

*

われわれは、上述した三領域のおのおのにおいておこなわれる万物の生成の過程を通じて、永遠の〈なんじ〉のきざはしをながめる。それらおのおのの領域において、われわれは永遠の〈なんじ〉のいぶきを感じる。そしてわれわれは、おのおのの〈なんじ〉を通して、永遠の〈なんじ〉に呼びかけるのである。

*

わたしは一本の木について考える。

わたしは、それを一枚の絵として眺めることができる。そのとき、木は、さんさんと降りそそぐ日のひかりを浴びたかたい幹と、群青に銀をまぶした大空を背景として、うるわしくふき出た緑の新芽のかたまりに見えることであろう。

つぎに、それを運動として眺めることができる。そのとき、木は、しっかりと固定し、生々と鼓動している髄、それにむすびつく、ふくれた脈管、地中の養分を身体の中に吸いこもうとつとめる毛根、大気を呼吸する葉、永遠に交錯している空と土、あるいはわれわれの目にはしかと見えぬ成長……と考えられるであろう。

さらにわたしは、その木を種に分類し、その生命の構造や様式を一つの類型としてしらべることができる。

また、その木の存在や形相を無視し、それを一つの法則の実例として――つまり、絶えず対立している力を調和にみちびき、この木の構成要素を、あるいは結びつけ、あるいは切り離す法則の実例として――認めることもできる。

さらにまた、わたしは木を数のような純粋な数理的関係に還元して、その実在性を消滅させ、それによって木を永遠のものとすることもできる。

さて、上述したような場合は、いずれも木はそれ特有の性質と構造とを具え、わたしの対象として時空のうちに存在するものとなる。

ところが、もしもわたしにそうする意志があり、またそれと同時にわたしが恩寵のはげましを受けるならば、わたしがその木と関係を結ぶこともできる筈である。このような場合には、木はもはやわたしたちにとって〈それ〉ではない。それはまさに〈なんじ〉であって、わたしは、その〈なんじ〉の独占的な力のとりこになっているのである。

では、わたしが、木と、〈われ〉－〈なんじ〉の関係をむすんだとき、その木についてのすべての考え方を捨て去らなければならないだろうか。およそ、われわれが一本の木を見る場合に、それから目をそらさなければならないような箇処はなく、またその木の知識で、忘れなければならないようなものはなに一つない。それどころか、わたしが木と関係をむすんだときには、木の形も、その動きも、種類も類型も、法則も数も、みな〈われ〉－〈なんじ〉の関係にわかちがたく結びついてくるのである。

こうして、この木に属するすべての事柄は、まさに〈われ〉－〈なんじ〉の関係にふくまれてしまう。木の形も構造も、色も、化学的組織も、自然力や星との交りも、すべてが単一なる全体のうちにひそんでしまうのである。

木は印象ではない。わたしの想像の所産ではない。気分でかわる価値でもない。木は現実にわたしと面とむかって現存している。そして、わたしがその木と関係しているのとまったく同じように、その木もわたしと関係を結んでいるのである。——違うのはただ、その関係のしかただけなのである。

われわれは、関係の意味をこまかくしらべるあまり、そこにひそむ溌溂《はつらつ》とした生気を絞りとってしまってはならない。関係は相互的なのだから……。

それなら、木もわたしと同じように意識を持っているというのだろうか。それについては、わたしはなんともいうことができない。しかし、われわれは自分のことをしらべてみて、意識を持っていることがわかったように思えたからといって、同じことを木にもあてはめてはならない。分析できないものを分析しようとしてはならない。とにかく、わたしはいままで、木の精とか木の霊とかいうものに出会ったためしがないのである。知っているのは、ただ木そのものだけなのだ。

＊

もしもわたしがあるひとに対して、わたしの〈なんじ〉として向き合い、そのひとに〈われ〉―〈なんじ〉という根源語を語りかけるならば、そのひとは土で出来た一箇のものではなくなる。

このひとはもはや、別の〈かれ〉や〈かの女〉とともに存在する〈かれ〉や〈かの女〉ではない。時間と空間に制約され、世界の網の目にとざされた一点ではない。さらにまた、体験したり記述したりすることができるような性質のもの――たとえば、名称のはっきりついているいくつかの属性を、だらしなくまとめ上げたたばのようなもの――でもない。いや、わたしにとって〈なんじ〉となるひとは、ともに境を接する他人を持たず、〈かれ〉や〈かの女〉とすべてのつながりを断ち切って、自己のうちに全体を宿すことのできるものである。このようなひとこそ、まさに〈なんじ〉であり、大いなる天と地にみちあふれた存在者なのである。しかし、こういってもそれは、〈なんじ〉以外のなにものも存在しないということではない。いや、〈なんじ〉以外のすべてのものは、〈なんじ〉の光においてこそ、生きるのである。

旋律は、音だけで出来てはいない。詩は言葉だけで出来てはいない。塑像は線だけで出来てはいない。もしもわれわれが、旋律や詩や塑像をあれこれといじりまわすならば、その全体的な調和は破れ、すべては雑多な諸要素に分解してしまうであろう。これと同じことは、〈なんじ〉についてもいえる。わたしは、〈なんじ〉となるひとの髪の毛、話し方、あるいは、性質の良さだけをとり出して考えることができる。いや、いつもそうして考えざるを得ない。しかし、そのたびごとに、わたしはそのひとを〈なんじ〉でないものにしてしまうのである。

*

祈りは時間のうちにはない。時間こそ祈りのうちにある。犠牲は空間のうちにはない。空間こそ犠牲のうちにある。もしも、われわれがこの関係を逆にしたならば、われわれは現実をすて去ってしまうことになるだろう。同じことは、〈なんじ〉と呼びかける相手についてもいえる。わたしはあるとき、ある場所で、〈なんじ〉となるひとと出会うのではない。なるほど、わたしはそのひとを、一定の時間と空間のなかに固定させることができよう。いや、いつもわたしはそうせざるを得ない。しかし、その場合、わたしが固定させるのは、〈かれ〉、〈かの女〉——つまり〈それ〉であって、もはやわたしにとっての〈なんじ〉ではないのである。

〈なんじ〉の大空がわたしの頭上にひろがっている。そのかぎりは、因果の颪はわたしの足もとにそよとも吹かず、運命の潮流は渦を巻いて流れようともしない。

わたしは、〈なんじ〉を経験するのではなく、神聖な根源語の名のもとに、〈なんじ〉と関係をむすぶのである。もしもわたしが、〈なんじ〉を経験しようとするならば、わたしは〈われ〉－〈なんじ〉の世界から抜け出さなければならないであろう。けだし「経験する」とは「〈なんじ〉から遠ざかる」ことだからである。

わたしがあるひとに「〈なんじ〉よ」と呼びかけても、その相手がなにかの経験に熱中していて、わたしの呼びかけに気づかないことがある。しかし、こんな場合でも、〈われ〉と〈なんじ〉の関係は成り立つのである。なぜならば、〈なんじ〉とは、〈それ〉の到底理解し得ない存在だからである。ここでは、いかなるいつわりも、ペテンも、入りこむことができない。われわれはまさにここに、真の生命の揺籃《ようらん》を見出すことができる。

＊

芸術の永遠のみなもととは、およそ次のようなものであろう。

ひとは一つのかたちと向き合う。ということはつまり、このかたちが、そのひとを通じて、ある一つの作品につくられることを望んでいるということなのである。もちろん、このかたちは、かれの精神の産物ではない。いや、それは、そとからかれの精神にいりこみ、かれにむかって有効な力を出すことを要求するまぼろしなのである。かくて、芸術家は、自分の全身全霊をかけた行為と関係するものとなる。もしも、かれがこのような行為をおこなうなら、すなわち、もしかれがまぼろしの如くにあらわれたかたちに向って、衷心から〈われ〉―〈なんじ〉の根源語を語りかけるならば、ここに有効な力が生じて、一箇の芸術作品がつくり出されるという訳なのである。

さて、このような創造的行為には、犠牲と冒険の二つがふくまれている。「犠牲」とは、芸術家がかたちをまつる祭壇に、かれの行為の限りない可能性を供えることである。ひとが、一つのかたちをとらえて〈なんじ〉と呼ぶとき、たったいままで活潑に動きまわっていた他のすべての可能性は、あとかたもなく消滅してしまう。これらの可能性は、一つとして作品のうちに入りこむことができない。なぜなら、芸術家と向き合って〈なんじ〉となったかたちは、芸術家を独占しようとするその態度によって、諸他の可能性をことごとくしめ出してしまうからである。

つぎに「冒険」とはなにかというと、それは、われわれが〈われ〉―〈なんじ〉の根源語を語る場合に、自分のすべてをすっかりさらけ出すよりほかに方法がない、ということである。つまり、〈なんじ〉にむかって語りかけようと決心した〈われ〉は、自分をことごとく相手にあたえてしまわなければならないということなのである。そればかりではない、芸術作品の場合は、木や人間のときとはちがって、こちらが相手から視線をそらしたり、〈それ〉の世界にはいりこんでひといき入れたりすることができない。芸術家は、つねに自分の作品によって、命令されたままなのである。だから、もしも芸術家が作品に正しく仕えないならば、作品が破滅するか、芸術家が破滅するか、どちらかするより仕方がないのである。

　わたしは、自分の精神にあらわれたかたちを客観的に経験したり、記述したりすることができない。わたしは、ただそれを体現することができるだけである。それにもかかわらず、もしもわたしが、〈われ〉－〈なんじ〉の関係のまばゆい光のうちにそれを眺めるならば、経験的世界のいかなるものよりもはっきりと、そのかたちを認めることができるであろう。そのときわたしは、それを「内面的事象」として見たり「空想によって描かれた心象」として眺めたりするのではない。いや、わたしはまさにそれを「現存するもの」として受けとるのである。なるほど、わたしがそのかたちを客観的に眺めても、それはそこには存在しないであろう。しかし、そこに存在しないとはいえ、これほど真に現存しているものはないのである。わたしとこのかたちとがむすんだ関係は、まさにぎりぎりの意味で現実的な関係である。なぜならば、そのかたちはわたしにはたらきかけ、またわたしもそのかたちにはたらきかけるからである。

＊

「行動する」とは「作り出す」ということである。「作り出す」とは「見出す」ということである。「形づくる」とは「発見する」ということである。わたしがあるものを「作る」とは、わたしがそれを「あらわにする」ということである。わたしはかたちを〈なんじ〉の世界から〈それ〉の世界にみちびき入れる。かくて創り出された作品は、諸性質の総和たる一箇のものとして、経験もされれば記述もされるようになる。しかし、それを眺め、またそれを受け入れるひとにとって、かたちはしばしば、物的外観のもとに完全なる〈なんじ〉となってあらわれるのである。

*

――それなら、われわれは、〈なんじ〉についてなにを経験するのだろうか。

――〈なんじ〉については、まったくなにも経験しない。なぜなら、われわれは、〈なんじ〉を経験することができないから……。

――では、われわれは〈なんじ〉についてなにを知っているのだろうか。

――まさに全体にわたってすべてを知っている。なぜならば、われわれは〈なんじ〉について部分的なことをなに一つ知らないから……。

*

〈なんじ〉と〈われ〉とが出会うのは、ひとえに恩寵のたまものである。われわれは、ただ探し求めるだけでは、〈なんじ〉と相会うことができない。しかし、わたしが根源語を語るのは、わたしの全存在をかけた行為――わたしの真に本質的な行為――なのである。

〈なんじ〉は〈われ〉と出会う。それは事実だがしかし、〈なんじ〉と直接に出会うのは〈われ〉だから、「出会う」ということは結局、「えらぶ」こととなり同時に「えらばれる」こととなる。また、「する」ことは同時に「される」ことともなる。それは、ちょうど、自分が全身全霊をこめてなにかをする場合と似ている。このような場合にも、あらゆる部分的行為は止み、またその特殊な限界から生じる感覚も消えてしまう。その結果、「することと」はかえって「されること」に感じられるようになるのである。

〈われ〉－〈なんじ〉の根源語は、自分の全身全霊を傾けて語るよりほか方法がない。わたしが精神を集中して全体的存在にとけこんでゆくのは、自分の力によるのではない。しかし、そうかといって、自分なしでできることでもない。まことに、〈われ〉は、〈なんじ〉と出会うことによってはじめて、真の〈われ〉になるのである。わたしが〈われ〉となるにしたがって、わたしは相手を〈なんじ〉と呼びかけることができるようになるのである。

すべての真実なる生とは、まさに出会いである。

＊

〈われ〉と〈なんじ〉の出会いは直接的である。〈われ〉と〈なんじ〉の間には、いかなる観念形態も、いかなる計画も、いかなる空想も入りこむ余地がない。記憶さえ、断片的状態から全体的統一に移るときにはその形を変えてしまう。さらに、〈われ〉と〈なんじ〉の間には、いかなる目的も、いかなる欲望も、またいかなる予想も入りこむことができない。あこがれでさえ、夢から現実に移るとその形を変えてしまう。あらゆる手段は障害である。これを破壊しないかぎり、〈われ〉と〈なんじ〉の出会いはおぼつかない。

＊

上述したように、出会いはすべて直接的だから、間接的な関係はいかなる場合においても無意味である。それは、〈なんじ〉が別の〈われ〉（すなわち一般的経験の主体としての〈われ〉）に相応じてすでに〈それ〉と変じてしまった場合においてもそうである。また、わたしが全身全霊を傾けた行為をし終えたのちに、〈なんじ〉が〈それ〉に変じる場合もそうである。なぜならば、境界は、たとえいかに不安定であろうと、経験される世界とされぬ世界、あたえられたものの世界とあたえられぬものの世界、あるいは存在の世界と価値の世界との間にはなく、それらを越して、まさに〈なんじ〉と〈それ〉の間に横たわっているからである。〈なんじ〉と〈それ〉とをはっきり二つに分ける境界線は、同時にまた世界を、現存の世界と客観の世界の二つに分ける。

＊

現在とは、時間がわれわれの思考のうちで、ある時から他の時へと移りながらつぎつぎに「完結してゆく」、あるいは一定の終りに達してゆく、その一点をさすのではない。それは充溢した真の現在であり、現存、出会い、あるいは関係がおこなわれるところにおいてのみ存在するものなのである。換言すれば、現在は、〈なんじ〉が現存するときにはじめて生じるものなのである。

根源語〈われ〉―〈それ〉における〈われ〉、すなわち、無数の「内容」によって閉じこめられて、〈なんじ〉とは向き合っていない〈われ〉――には、現在がない。過去があるのみである。これを別言すれば、自分が体験し利用するもので満足するひとは、過去にのみ生きるということができる。このようなひとにとって各々の瞬間は、現在を含まない。あるのはただ、対象のみ――過去の時間のうちに残存する対象のみ――である。

現存するものは束の間のうつろいやすいものではない。いや、それはたえず現在にあり、また永続するものである。これに反して、対象は永続しない。それは停滞し、休止し、中断し、孤立し、硬化する。この意味で、対象とは、まさに「関係」と「現存」の欠如というべきであろう。

真の存在は、現在のうちにのみ生きる。これに反して、対象は過去にしか生きない。

われわれは現存と対象の対立を超越しようとして「観念の世界」に訴えてみても、両者における本質的な二元性はすこしも変らない。なぜならば、わたしは実在する人間、つまりそこに実際に立っている君やわたしについて、また、われわれの現実生活や世界について語っているのであって、たんに存在の一状態なる〈われ〉というものについて語っているのではないからである。実際の人間にとっては、真の境界は、観念の世界をも真二つに引き裂いてしまう。

＊

もちろん、ものの世界を経験し、またそれを利用することで満足する多くの人々は、自分の頭上に、あるいは自分の周囲に、観念的体系を築き上げ、そこに立てこもって無からの襲撃を避ける。また、ときどきかれらはこの用心堅固な城壁の出入口で、日常生活の着古した着物を脱ぎすて純白のリンネルを身にまとって、根源的なもの、あるいは必然的なものを見物してたのしむのである。しかし、かれらの実際生活は、こうした根源的世界とはなんの関係もない。かれらはただ、このような世界があることを世間に触れて歩き、それによってなんとはなしに幸福感にひたるだけなのである。

こうしてかれらが想像し、仮定し、また世間にひろめているたんなる〈それ〉の世界は、われわれが真に「〈なんじ〉よ」と呼びかけることのできる生きた人間の住む世界ではない。作りごとは、たとえそれがいかに崇高であっても、呪物崇拝にすぎない。いつわりの信仰は、それがいかに気高くても、結局は悪徳である。

観念は、われわれの頭のなかに宿らない。また同様に、われわれの頭上にも君臨しない。観念は、われわれの間をさまよい、われわれに近づいてくる。こうした観念に「〈なんじ〉よ」と語りかけることのできないものは、あわれというべきであろう。だが、それに向って、まるでその実名でもあるかのように、抽象観念や通り言葉を語りかけるものは笑止といわねばならない。

*

次に述べる三つの例の一つであきらかなように、直接的関係は、〈われ〉と〈なんじ〉の相互作用を含んでいる。たとえば、まず第一に、芸術を考えてみよう。芸術においては、芸術家のはたらきがかたちを一箇の作品に体現する場を決定する。芸術家と向き合っているものは、その芸術家との出会いによって現実のものとなる。こうして出来上った作品はものの世界に入りこみ、そこで永遠に活動し、また永遠に〈それ〉となる。しかし、そればかりでなく、〈それ〉となったものはふたたび永遠に〈なんじ〉に変じて、人々に霊感と幸福とをあたえる。すなわち、それは「かたちを得て」時間も空間もない現存の流れから存在の岸辺へと達するのである。

ところが、われわれがひとに向って根源語を語る場合には、その行為の意味は、芸術におけるほどはっきり出てこない。そのため、関係に直接性をもたらす本質的な行為は、普通、誤って感情的行為と考えられがちである。しかしながら、たとえ感情は愛の形而上学的事実や、超心理学的事実に附随して生じるにしても、感情はこれらの事実の本質を構成するものではない。さらに、愛に附随して生じる感情には非常に多くの種類があるけれども――たとえば、悪鬼に憑《つ》かれたひとを愛するときのイエスの感情と、弟子を愛するときのイエスの感情とは違ったものであるが――愛はいかなる場合にも一つであって、愛そのものに変りはない。つまり、感情とはひとに「いだかれる」ものであり、愛とは「生じる」ものなのである。感情はひとのうちに宿るが、ひとはおのれの愛のうちに住むのである。これはけっして比喩やたとえではなく、実際の事実なのである。

愛は、〈われ〉にしがみついて離れず、〈なんじ〉さえ自分の「内容」や対象としてしまうような感情ではない。いや、愛は〈われ〉のうちにはなく、まさに〈われ〉と〈なんじ〉のあいだにあるものなのである。このことを知らないひとは――自分の全身全霊を傾けてもこの事実を知り得ないひとは――愛のわからないひとである。たとえかれが感じ、経験し、楽しみ、表現するところの感情を愛だと言い張っても、結局、愛そのもののわからないひとである。

まことに、愛は広く全世界に輝きわたった光である。もしもひとがつねに愛のうちに宿り、また愛の立場からものを見るならば、人間がすべてみな、混沌たるこの世から自由に解放されていることを知るであろう。そして、善人も、悪人も、賢者も、愚者も、美しいものも醜いものも、すべて現実に生きる人間と感じるであろう。このようなひとにとって、すべての人間は自由であり、一人一人がこの世における唯一の独自な存在となり、また〈なんじ〉となるのである。またこのようにしてはじめて、〈われ〉－〈なんじ〉の排他的、独占的な関係が、しばしば奇蹟的に生じるのである。そのときひとは、相手を助け、いやし、高め、教え、救う。かくて愛は〈なんじ〉にたいする〈われ〉の責任となるのである。また、ここにおいて、もっとも低次なものからもっとも高次のものまで——愛人の生命につつまれてもっとも安らかな生活を送っているものから、一生涯この世の十字架を背負い続け、しかも万人を愛するという古今未曾有の驚歎すべき行為をやってのけるものまで——他人を愛するすべてのひとに共通な特色が生じるのである。このようなことは感情にとっては——それがいかなる感情であろうと——絶対にあり得ぬことなのである。

第三の例における本質的な行為——すなわち生物と、それについてのわれわれの観想との相互作用の意義——は、あくまで神秘的なものとして取っておこう。われわれはただ、素朴な生命の不可思議な力を信じ、また全体への奉仕の念を信じればそれでよい。そうすれば、生物のあの待望、あの気のくばり、あの「鶴首して待つ」気持ちの意味が、おぼろげながらわかってくるであろう。人間のあらゆる言葉はうそを伝えるかもしれない。しかし、見よ。

われわれの周囲には、あらゆるものが存在を営み、われわれがいずこを向いても、かならずそれらのものと出会わないではいないのである。

＊

関係は相互的である。わたしは、わたしと向い合っている〈なんじ〉に影響し、また、〈なんじ〉もわたしに影響を及ぼす。われわれはかえって自分の弟子によって形づくられ、また自分の作品によって逆に築き上げられる。「悪人」でさえ、聖なる根源語がその存在に軽く触れたとき、真心をうちあけてわれわれとまじわるであろう。われわれは、がんぜない子供や動物によってさえしばしば教えられる。まことにわれわれは、さまざまの不可思議なきずなに結びつけられて、全宇宙の相互的生命の流れにひたりながら生活を営んでいるのである。

＊

――われわれは、愛がひととひととを結びつける唯一の関係であるかのように語る。しかし、正しくいうと、それは関係の仕方のわずか一つにすぎない。なぜなら、ひととひとの間には憎悪も存在するからである。

――「愛は盲目だ」とひとはいう。だが、「愛が盲目」であるかぎり――言いかえれば、愛が相手の全体を見ないかぎり——愛はいまだ、〈われ〉－〈なんじ〉の根源語に支配されてはいない。いや、「盲目」なのは憎悪である。憎悪は、相手の全体を見ない。その一部分を見るにすぎないのである。

　全体を見るものは、よしんばその全体をどうしても否定しなければならぬ立場に置かれてさえ、もはや憎悪の世界にはない。かれはすでに、〈なんじ〉と呼ぶことのできる能力のきざはしに達している。しかし、それでも、全体を否定するものは、自分と向き合っている相手に根源語を語ることができない。なぜなら、根源語を語るものはつねに、呼びかけた相手を肯定しなければならないからである。だから、全体を見て、しかもそれを否定するものは、相手か自分か、いずれか一方を否定しなければならない。われわれはこのせっぱつまった関所にきたときはじめて、「関係する」ということが、自分と相手と双方を同時に「肯定すること」だということを知るのである。また、それを知ったときはじめて、関所の重い扉は開かれるのである。

　相手を一途に憎悪する人間は、愛も憎しみもない人間より、はるかにいっそう関係に近づいている。

*

この世における〈なんじ〉は、いかなる〈なんじ〉も、すべて〈それ〉に転じなければならない。これは、われわれの高貴な、しかし悲しい運命である。この運命は、〈なんじ〉が〈われ〉―〈なんじ〉の直接関係において、いかに絶対的に現存していようとも、いつか〈なんじ〉を〈それ〉にしてしまうのである。〈われ〉―〈なんじ〉の関係が終局に達するか、あるいは手段によって汚されると、〈なんじ〉は対象の一つと化してしまう。それは、われわれにとってなくてはかなわぬ程重要な対象となることもあろうが、しかしそれでもそれが規範と法則によって規定される対象であることにかわりはない。たとえば、芸術作品の場合、ある意味においてものを現実化するとは、他の意味においてその現実性を喪うこととなるのである。純粋直観というようなものは、ほんの短時間おこなわれるにすぎない。こうして、神秘的な相互作用が一瞬あらわにした自然界の生命は、記述し、分析し、分類し得る対象となり、また無数の法則の交叉する一点と化してしまう。これと同様に、愛もまた、いつまでも直接関係ではいられない。もちろん、前にも述べたように、愛は永続する。けれどもそれは、愛が交互に現実的となったり、可能的となったりするからできることなのである。さらにまた、人間も、たったいままで単独者であり、絶対的存在であったものが――すなわち、だれにも経験できるように、手のふれるところにあるというようなものではなく、まさに現実にもたらされるのを待ち構えていたものが――つぎの瞬間には〈かれ〉あるいは〈かの女〉となり、質の総和、あるいはある種の形態を持った一定の量へと変じてしまうのである。そうなると、わたしは〈かれ〉や〈かの女〉から、髪の毛の色だけをとり出したり、話しぶりや善良さだけをとり出して考えることができるようになる。しかし、他面からいうと、わたしにそのようなことができるうちは、そのひとはわたしにとって真の意味での〈なんじ〉でもなければ、またその間は、二度とふたたび〈なんじ〉とはならないのである。

この世におけるすべての〈なんじ〉は、その性質からいって、ものと化さねばならぬ――あるいは、たえずものの世界にもどらねばならぬ。しかし、この事実を客観的に言い換えると、この世におけるすべてのものは、ものになる以前と以後とにおいては〈なんじ〉であるということができよう。しかし、このような客観的な言い方は、真の生活の一端を語るにすぎない。

〈それ〉は永遠のさなぎであり、〈なんじ〉は永遠の蝶である。ただし、両者はかならずしも、はっきり交互に生れかわらず、二重にかさなり合い、あるいはもつれ合ったままでいることが多い。

＊

はじめに関係あり。

「原始人」の言語を考えて見るがよい。原始人はほとんど客観的知識を有していない。かれらは現存的ではあるけれども、その生活はまことにせまい行動範囲の上に築き上げられている。かれらの言語の中心を形づくっている、文章の代りをする単語や、文法以前の根源的な構文（これがのちに分裂して、多種多様な単語を生み出すこととなるのであるが）は、すべてが関係の全体的性格を示している。たとえば、われわれなら「遠いところ」というのを、ズールー人[*1]は「だれかが「おっかあ、おれは迷子になった」と泣き叫ぶところ」という。しかもかれらは、われわれなら文章でしか言い表わし得ないようなことをわずかに一つの単語で表現してしまうのである。また、フェゴ諸島[*2]に住むインディアンは、わずかに七音節よりなる一単語によって、「二人はたがいに顔を見合わせ、自分がしたいができないことを、相手がしてくれはしないだろうかとさぐりを入れている」という、文章でなければいえないような複雑な意味をあらわすのである。これなどは、われわれの分析的な考え方をまったく超越したものといわなければならない。ここでは、のちに、名詞、代名詞によって表現されるようになった個々の人間は、まだ分化していない全体の一要素にすぎず、いまだ完全な独立性を獲得してはいない。つまり、話者の主な関心は分析と内省の所産にはなく、まさに真の根源的統一、すなわち関係に生き抜くことにあるのである。

　われわれは知人に会うと挨拶する。ということはつまり、その人が幸福であることをのぞんだり、われわれがかれをたしかに愛していることを示したり、あるいはまた、神がかれに祝福をあたえ給うよう祈ったりすることである。しかしそれにしても、われわれの挨拶の言葉はなんときまりきった、間の抜けた、間接的なものであろうか。たとえば「ようこそ」という挨拶の言葉に含まれていた相手に活力をあたえる力は、今日ではなんと漠然としか感じられないことだろうか。こうしたすりきれた言葉と、カフィル人[*3]が使っている絶えず生き生きとした挨拶とを比較してみるがよい。カフィル人はひとに会ったとき、自分の身体を直接相手の身体にふれて、「わたしにはあなたが見える」という。あるいは、アメリカ先住民はこの趣向をちょっと変えて、滑稽に、しかし崇高に「わたしのにおいをおかぎなさい」という。

――それは言葉や観念ばかりではない。ひとやものについての表象もまた、〈われ〉―〈なんじ〉の関係を基礎として形づくられている。

「自然人」の精神をよびさますような根源的な印象や感情は、なによりもまず、関係的な出来事――つまり、自分と対立した存在者を体験すること――と、関係的な状態――つまり、自分と対立した存在者と一緒に生活すること――から生じる。ひとはよしんば毎夜月をあおいでも、その月がものしずかにかれに近づき、かれを魅惑してしまわなければ――あるいは月がかれの身体に触れ、かれをまどわし、吉凶いずれにせよその力を及ぼさなければ――かれは月のために心を乱しはしないのである。ひとは初めて月を見た時から、この運行する光体についての表象を得たりあるいはそれに附随した悪魔的な存在についてなんらかの観念を形づくったりするわけではない。いや、最初は、月の動的な力がひとの身体のなかを流れて、月についての感情的な像をおぼろげながら生み出す。そのうち次第に、月のはたらきについてのさまざまの個人的な表象があらわれてくる、というわけなのである。こうしてはじめて、夜な夜なひとの生活に影響するある未知なるものの記憶が、かれにたいする行為者あるいは行為の運搬者たる月として、あきらかな輪郭をとりはじめるのである。またこのときはじめて、この未知なるものは、はっきりとした一個の対象となり、はじめは自分の方から積極的に経験することができず、ただ消極的に受け入れるだけであった〈なんじ〉から、経験し利用することのできる〈かれ〉ないし〈かの女〉となってゆくのである。

もしわれわれが、あらゆる本質的な現象に最初から〈われ〉―〈なんじ〉の関係の特質がひそみ、またそれが永続していたことを知るならば、原始人の生活におけるある種の霊的要素を理解することはいっそう容易となるであろう。この問題はいままで多くの論議や研究の的となってきた。けれど、今迄の研究によっては、この問題はいまだ正しく取り上げられているとは言いがたい。なるほど、原始人の生活に含まれた一種の神秘的な力は、多くの未開人の信仰ないし知識（かれらにあっては、そのいずれもいまだ分化せず一つであるが）を通してさまざまに調査されてきた。この神秘的な力は、マナ Mana あるいはオレンダ Orenda として知られ、原始的な意味でのブラフマンの観念にいたる道をひらき、さらに下っては神秘的なパピルス本ないし使徒書簡に見出されるデュナミス Dynamis やカリス Charis の観念にまで達していることがあきらかにされた。[*4] そしてその結果、この力の特色は、人間の感覚や自然を超越した点にあると主張されるようになった。しかしこれはあくまでわれわれ文明人の考え方にもとづいたものであって、原始人の心理を直接に表明したものとはいえない。

原始人にとっては、世界は、身体を通じて体験し得る世界にかぎられていたが、しかし、かれらの体験では、たとえば、死人とのまじわりというようなことも、まったく「自然に」おこなわれたのであった。これに反して、感覚的特質を欠いたものが実在するというようなことは、かれらにとってはまったく馬鹿らしいことであった。さらに、原始人が「神秘な力」を含んでいると思うような現象は、いずれもみな、〈われ〉－〈なんじ〉の関係的な出来事であって、かれらは自分たちを感情的に動揺させ、またあとになっても、記憶によって影響をあたえるような根源的な出来事でなければ、こうした力はないと思ったのであった。夜な夜なかれらのもとを訪れて楽しませ、あるいは苦しませる月や死人は、まさにこうした力を具えていたのである。また同様に、燃える太陽、吠える野獣、その一睨みで服従を強要する首長、またその歌で狩猟の力をあたえる巫者《シャマン》もこうした力の持ち主であった。

マナとは、まさに、大空に輝く月のペルソナを、人の血を湧き立たせる〈なんじ〉にかえてしまう力をさしていうのである。

ところで、ひとを動かす全体的な月の像から、対象としての月の像が分れ、独立してしまったときでも、マナについての記憶はあとに残る。もちろん、その記憶は、ひとを動かす行為者、あるいは行為の運搬者という形をとってあらわれるのみではあるけれども……。マナは、たとえば魔法の石のように、われわれがそれを持つや否や、われわれに作用する力なのである。原始人の「世界像」は、魔術的である。が、それは、人間の魔術的な力が世界像の中心を占めているからではない。いや、かえって人間の魔術的な力が、あらゆる本質的行為の源泉たる普遍的な「魔力」の一種類にすぎないからである。それ故、原始人の世界像に含まれた因果律は、切れ目のない原因結果の連続ではなく、絶えず力を放電する稲妻であり、またその力をつくり出す運動なのである。つまり、それは不断の連続ではなく、火山のような断続的な爆発なのである。マナとはまさに、原始人が行った抽象活動の所産であった。それはたとえば数の発明などよりいっそう古かったかもしれぬが、しかしそれと同様、きわめて自然なものだったのである。

記憶は、訓練されてゆくうちに、偉大な関係的行為や根源的感情を分類することができるようになる。そのうちでも、第一に自己保存の本能にとってもっとも重要であった行為とか、あるいは理解の本能にとってもっとも顕著であった行為など、総じてもっともひとを動かした行為はあらゆる記憶のうちでもっとも力を帯び、次第に他から離れて独立するようになる。つぎに、比較的重要でなかった行為、あるいは共通でなかった行為など、うつろいやすい〈なんじ〉は次第に後退していって〈それ〉と化し、やがてゆっくりと種や類に分類されてゆく。そして最後に、なんとなく薄気味悪い遠方に――月や死人よりもっと遠く、またおぼろに――それの「不変の」伴侶――〈われ〉――が現れてくる。次第に、まごう方なくはっきりとした形をとりながら……

＊

〈われ〉に関する意識は、他の本能はもとより「自己」保存の本能ともなんの関係も持たない。生殖によって自己を保存しようと願うのは、〈われ〉ではなく、まさに肉体である。しかも、肉体は、いまだ〈われ〉についてなにも知らない。道具にせよおもちゃにせよ、ものを作り出そうと願い、「創造者」になりたいとのぞむのは、〈われ〉ではなくまさに肉体である。そればかりではない。「われものを認む、ゆえにわれあり」Cognosco ergo sum ということは、それがいかに素朴な形式であっても、また体験する主体の考え方がいかに子供っぽいものであっても、けっして原始人の認識活動には見出され得ないのである。〈われ〉はまさに、もろもろの根源的関係から、その一つの要素としてあらわれ出たのである。〈なんじ〉に影響しつつある〈われ〉と、〈われ〉に影響しつつある〈なんじ〉という重大な根源語からあらわれ出たのである。すなわち〈われ〉は、〈われ〉と〈なんじ〉とが分裂し、「影響しつつある」という分詞が名詞化され、対象としての地位をあたえられたとき、はじめてそこから生じたのである。

＊

〈われ〉－〈なんじ〉と〈われ〉－〈それ〉という二つの根源語の根本的な相違は、原始人の精神をかえりみると、非常に明瞭になってくる。かれらは、原始的関係において、すでにきわめて自然に〈われ〉－〈なんじ〉の根源語を語った。もちろん、これは、後天的な認識のいまだおこなわれなかったとき――つまり、いまだ自分を〈われ〉として認めなかったとき――のことである。これに反して、〈われ〉－〈それ〉という根源語は、自分を〈われ〉と認識してはじめて――ということはつまり、〈われ〉が孤立してはじめて――可能となるのである。

なるほど、第一の根源語〈われ〉－〈なんじ〉も、〈われ〉と〈なんじ〉の二要素に分解できるかもしれない。しかしこの根源語は、〈われ〉と〈なんじ〉という二要素が一つになって生じたものではない。それは本質的にいって、〈われ〉の生れる以前から存在していたのである。これに反して、第二の根源語〈われ〉－〈それ〉は、〈われ〉と〈それ〉とが一つに組み合わさって生じた言葉である。それは〈われ〉よりあとになってできた言葉である。

原始人がいとなんだ関係は排他的、独占的であったから、そこには当然〈われ〉が含まれていた。換言すれば、原始人の関係においては、ひとと、そのひとの向き合っている相手だけが完全に現存し、世界は〈なんじ〉と自分と二元的だったから、ひとは、いまだ自分を〈われ〉とはっきり認めないうちから、すでに、〈われ〉の宇宙的感情《パトス》を意識することができたのであった。

これに反して、根源語〈われ〉－〈それ〉——すなわち自己中心的な経験——のもととなる出来事は、〈われ〉を含んではいない。なぜなら、この種の出来事は、認識主体としての身体と、その身体をとりまく世界との分裂を意味するにすぎないから。なるほど、肉体はその特殊な性質のおかげで自己を知り、また自己と他とを区別することができるであろう。けれども、この区別はあくまで平面的、接触的、並列的であって、〈われ〉の本質に関する暗黒の意識を引き起させるような特色を具えてはいない。

ところで、〈われ〉－〈なんじ〉の〈われ〉といえども、〈なんじ〉から離れて孤立した存在を営むようになると、奇妙に稀薄で、たんなる機能にすぎないものとなってしまう。そしてそのためにやがて肉体と、それをとりまく世界との分裂という、きわめて自然な結果が生じ、ついに、〈われ〉が〈われ〉として活動するようになるのである。

こういう訳で、上述したような状況にいたってはじめて、〈われ〉としての意識的な行為は可能となるのである。この行為は、根源語〈われ〉－〈それ〉の——あるいは自己中心的な経験の——最初の形式である。〈われ〉として出現したものは、認識の主体たることを宣し、また〈われ〉をとりまく世界は〈われ〉にとって認識の対象であると主張する。もちろん、こうしたことは、「原始的」形式のもとでおこなわれるのであって、けっして「認識論的」形式のもとでおこなわれるのではない。しかしながら、もしも「木が見える」という文章が、〈われ〉なる人間と、〈なんじ〉なる木の関係を伝えず、むしろ人間意識が木を客体として認識した事実を物語るとするならば、主体と客体との間には、すでに一箇の障壁がつくり上げられているといっても過言ではあるまい。つまり、ここにいたってはじめて、根源語、〈われ〉－〈それ〉が、分離の言葉が語られたことになるのである。

*

――それなら、この人間の宿命的な悲劇は、すでに歴史がはじまったときから存在したのであろうか。

しかり――人間の意識的生活がはじまった太古から存在したのであった。しかし、意識的生活とは、実は宇宙が、人間の生成という形をとって復活することにすぎないのである。なるほど、精神は自然の産物として――あるいはその副産物として――時間のうちにあらわれるけれども、逆に自然は、非時間的に、精神のうちに展開してゆくのである。

二つの根源語の対立は、それぞれの時代と場所で、色々と違った名前で呼ばれてきた。しかし、この対立は、その名もなき真理においては、すでに天地創造のはじめから存在してきたのである。

*

――それなら、人類は最初、楽園に住んでいたのであろうか。

——いや、たとえ地獄にいたといったって、そんなことは信じられない。——わたしが歴史の流れをさかのぼれるだけさかのぼって行きついた時代は、やはり怒りと苦しみと残酷な行為とがみちあふれていた時代であった。とにかくそれは、まぼろしの世界というようなものではなかった。

このように、関係についての原始人の経験がおだやかな、愉快なものではなかったのは事実である。しかしながら、われわれが青白いかげとして、あるいは顔を持たない数として、他人のお情けで生きているぐらいなら、むしろ、たとえ暴力に悩まされようと、真に生を生き抜く存在として生活する方がどれほどすぐれているかわからない。前のような生き方をすれば、われわれの眼前には無への道がひらけ、また後のような生き方をすれば、たちどころに神への道がひらける。

＊

しかしわれわれは、原始人の生活を見ただけでは、二つの根源語が時間の流れのうちにどのようにはいりこんでいったかを認めることができない。なぜなら、原始人の生活は、たとえそれが近来いかに近づきやすいものになったにせよ、せいぜい本当の人類の始祖の生活を比喩的に示してくれるにすぎないからである。それだから、もしわれわれが人類の始祖についてもっと多くの知識を得たいと思うならば、原始人よりむしろ幼児を観察するにしくはないのである。

さて、われわれが幼児を観察するとき、つぎの事実がいともあきらかに認められる。それは、「根源語の精神的実在性は、〈われ〉－〈なんじ〉にせよ、〈われ〉－〈それ〉にせよ、自然的実在性から生じた」ということである。たとえば、根源語〈われ〉－〈なんじ〉の精神的実在性は、両者の自然的結合から生じ、また、根源語〈われ〉－〈それ〉の実在性は、両者の自然的分離から生じたというように……。

子供がまだ母親の胎内にいるとき、その胎児の生命は、母親との純粋な自然的結合から生じた。つまり、母と子の肉体の相互作用や、一から他への生命の流出から生じた。それは事実である。しかしながら、胎児の生命の限界《ホリゾント》、あるいはその生成の過程は、それを生んだ母親の生命のうちにすでにことごとくきざみこまれているとばかりはいえない。なぜならば、胎児の生命がいこうのは、母親という人間の胎内ばかりではないからである。いや、それどころか、母と子の結びつきは非常に宇宙的な特質をそなえている。だから、ユダヤ人は「ひとは胎内にいるとき宇宙を知り、誕生とともにそれを忘れる」といっているほどである。われわれはこの神秘的な諺を聞くと、太古からの謎の半分が解決されたような気がする。母親と胎児とのこうした宇宙的関係は、一生涯を通じてひとのひそかなあこがれとなってとどまる。しかし、このあこがれは、ふたたび胎児となって母親の胎内に戻りたいというあこがれではない。そう考えるのは、精神と知性とを混同して、精神が自然のすぐれた精華であるのを忘れ――もっともこの花はつねにさまざまの病気にさらされてはいるのだが――精神を自然の寄生物としか考えない人々の通弊なのである。いや、このあこがれは、精神生活に達した人間の生命と、真の〈なんじ〉との間の宇宙的な結合を作り出そうというあこがれなのである。

この世に生まれ出るあらゆる幼児は、他のあらゆる生命と同様、大自然の胎内に宿っている。この胎内は、差別もなく、形式も存在していない根源的世界であって、われわれはこうした母体から分れて、個的生活を営みはじめるのである。ただ、暗黒の夜が訪れるときはじめて、われわれは自分の生活から逃れて自由となり、ふたたび母の胎内に近づくのである。（まことにこれこそ、健康な人間にあたえられた夜の特権ともいうべきであろう）。

しかしながら、幼児が上に述べたように大自然の胎内と分離するのは、胎児が肉親の母親と分離するほど突然はげしく行われるものではない。幼児が宇宙に対して〈われ〉－〈なんじ〉の関係を失い、〈われ〉－〈それ〉の関係をむすぶには、長い時間が必要なのである。この長い時間を経るうちに、ひとは漆を流したような混沌たる暗黒をはなれて、あかるいが、しかし寒々とした創造の光のうちに入りこむのである。しかしながら、このような状態では、創造はいまだ真にかれらのものになったとはいえない。ひとは、創造をみずからあかるみに持ち出さなければならない。創造を自分にとって真の現実としなければならない。そしてひとは、自分の視覚と聴覚と触覚と、また想像力とによって、自分の世界の主人公とならなければならない。被造物は、出会いによってはじめて、その本質的なかたちを暴露するのである。ひとは、従順に待ち構えている感覚のうちに、自分を流しこむだけでは充分ではない。いや、自分と対決し、自分を把握することのできる感覚と出会うために、こちらから立ち上らなければならないのである。これを見てもわかるように、いまではひとの周囲をかざっている対象も、はじめからかざりだったわけではなく、実はそのひとの異常な努力によって言い寄られ、その口説になびかされてやっとそうなったのである。なぜなら、いかなるものも最初からひとの経験の既成の部分となっているものは一つとしてないからである。ただ、われわれに向き合っている相手とわれわれとが、たがいに働きかけたとき、その力によってのみ、すべての相手が認められるようになるのである。原始人と同様、幼児も、出会いの光とその反射のうちに眠りながら生きつづける。(かれらにあっては、目のさめているときも、その多くは眠りにすぎないのである)。

関係をうち立てようという努力は、生まれたての幼児においてさえ、認めることができる。幼児は、まだなにも孤立したものを認めることのできないうちから、おずおずしたまなざしで朦朧とした空間をのぞみ見、うすぼんやりとした周囲を眺めようとする。また、乳を欲しがらないときにはときどき、両手をやさしく空間に動かす。それは、見たところ、なんというあてもなく、ただ漠然となにかをさがし求め、それをとろうと手をさしのばしているかのようである。もちろん、そんなことは、どんな動物でもする動作だと片づけてしまえばそれまでだが、しかし、このような説明ではなんにも解決されたことにはならない。なぜならば、幼児は長い間あれこれとこころみたのち、ついに赤いじゅうたんの唐草《からくさ》模様にその視線を宿し、赤という色を完全に理解するまでは、そこから視線をそらさないからである。さらにまた、幼児は両手を動かし、ビロードでできたおもちゃの熊にさわってみる。そして、やっとのことで、はっきりした熊のかたちを知るのである。幼児はこのときはじめて、そのおもちゃの完全なかたちをいとしげに意識し、それ以後、いつまでも忘れずにいるのである。

ところで、こうした行為はけっして「対象の体験」というがごときものではない。いや、これこそ、いかに幻想的であろうとも、幼児と、幼児に向き合っている沈黙した、しかも力ある相手との一致なのである（「幻想的である」とは、「われわれが宇宙に生命を与えること」ではない。それはまさに、「万物を〈なんじ〉と化し」、「宇宙と〈われ〉—〈なんじ〉の関係をむすび」、また「〈われ〉と向き合っている生きた相手が存在しなくなったときでも、〈われ〉のうちにひそむゆたかな力によって、その映像や象徴に〈なんじ〉としての潑剌たる行動をあたえる」ところの本能なのである）。

小さな、不明瞭な、そして意味もない音声が絶えず虚空に消えてゆく。しかし、ときとしてこの音声は、予期せぬ会話を形づくる。この場合、その会話の相手がぐつぐつと沸騰している湯わかしであろうとなんであろうと、そんなことは問題ではない。相手がなんであっても、会話はまさしく会話である。世に「反射運動」と名附けられている多くの運動は、実はこの世において「自分の人格という建物」の壁をぬるこてのようなものにすぎない。幼児が最初に外界の事物を認め、それからあらためてその事物と関係を結ぶと見るのは正しくない。そうではなく、幼児は、なによりもまず、関係を結ぼうとするのである。たとえば、幼児が手でアーチのかたちをつくるのは、幼児がそこに自分の相手を宿らせようとするためなのである。真の関係は、こうなったときはじめて生じる。それは、普通の言語を用いずに〈なんじ〉と呼びかける段階である。これにくらべるなら、〈われ〉の意識などは、それよりずっとのちになって関係についての根源的体験が真二つに割れ、たがいに結び合った〈われ〉―〈なんじ〉が分裂した結果生じたものにすぎない。

はじめに関係あり――関係こそ、存在の範疇であり、他者をよろこび迎える家であり、ものをとらえる容器であり、魂の鋳型である。生得の〈なんじ〉――これこそまさに関係のアプリオリにほかならない。

生得の〈なんじ〉は、その〈なんじ〉と出会うものとの間の生き生きとした関係のうちに実現される。幼児と向き合っている相手が〈なんじ〉として認められ、また〈われ〉―〈なんじ〉のほかに他のなにものも入りこむ余地のない排他的、独占的関係が生じ、そして最後に、相手が根源語によって呼びかけられるようになるということ――この三つはまさに、関係のアプリオリにもとづいた事実なのである。

生得の〈なんじ〉は、関係を結ぼうとする幼児の本能によって（すなわちはじめは他者に「手で」触れることにより、つぎには他者に「目で」触れることによって）ほどなくそのすがたを現わしはじめる。それ故、この本能はいよいよあきらかに、相互関係、すなわち「愛情」を意味するようになるのである。しかしながら、それよりのちになって生じてくる、ものを創造しようとする本能——ということはすなわち、ものを綜合的に作り出そうとし、またそれのできないときには、ものをずたずたに引き裂き、バラバラに解きほごすことによって分析的に組み立てようとする本能のことであるが——もまた、生得の〈なんじ〉によって定められる。作られるものが作るものによって「擬人化」され、また両者の間で「会話」がおこなわれるのは、まさにそのためなのである。幼児の精神的発達は、幼児の〈なんじ〉を求める本能の発達、この本能を実現し得たときの満足感、実現し得なかったときの失望感、あるいはまた、幼児の実験的活動やそれから生ずる困惑などと密接に関係している。

こうした現象を純粋に理解しようとするには、それをせま苦しい領域に入れて部分的に考えてもだめで、どうしてもその宇宙的起源ないし超宇宙的起源から観察し、説明していかなければならない。なぜなら、この現象は、形式というものがまだできていない根源的、未分化的状態から生じているからである。この世に生まれ出て、しかもいまだ個人的、現実的な存在をかち得ていないものも、形式の定まらない未分化的状態から脱却することによって、次第に肉体を持つ実際の個人へと生成してゆく。ひとは〈なんじ〉と関係を結ぶことによってはじめて、次第に、根源的世界から自己を発展させてゆくのである。

＊

ひとは〈なんじ〉と接して〈われ〉となる。ひとと向き合う相手はひとの前にあらわれ、あらわれてはまた消え去る。〈われ〉と〈なんじ〉の関係は成立し、成立したかと思うと消滅する。しかし、〈なんじ〉の側がこのような変化を繰り返すのに反して、〈われ〉の方は少しの変化もしない。いや、〈われ〉の意識は、〈なんじ〉が変化するに従っていよいよ強く、またいよいよあきらかになってゆく。もちろん、〈われ〉は依然として関係の網――すなわち〈なんじ〉との関係の網――によってとらえられている。そして、〈われ〉は〈なんじ〉に大いに接近しはする。しかし、〈われ〉はついに〈なんじ〉そのものとはなり得ない。それどころか、〈われ〉は、次第に自分の特色を顕著にそなえていって、ついに相手と自分のきずなを断ち切り、みずから〈われ〉を〈なんじ〉に見立てて、これと相対するようになる。つまり、〈われ〉は迅速に自分をとらえて、それ以後は意識的に自分自身と関係を結ぶようになるのである。こうしてはじめて〈われ〉－〈それ〉という第二の根源語は作り出される。ただしそれまでは、たとえ〈われ〉－〈なんじ〉の関係における〈なんじ〉がその力を失ったにせよ、そのために〈なんじ〉が、〈われ〉－〈それ〉の〈それ〉となって、認識や経験の対象を形づくるわけではない。こうなるのは、のちのことであって、それまでは、

〈なんじ〉は、いわば自分自身にとっての〈それ〉――つまり、はじめは無視されているが、しかし、いつかはあたらしい〈われ〉-〈なんじ〉の関係を結ぼうとして待ちかまえている〈それ〉――となるのである。

さらにまた、一人前に成熟した肉体が、ものを認識し、衝動を実現する力を有している点で、外界の事物から区別されるにしても、その区別は「自分は自分でものを見る」という意味合いから生じた平面的、並列的な区別にすぎない。それは、けっして、〈われ〉とその対象との絶対的分裂によって生じたものではない。

ところが、いまや上述したように、みずから分裂した〈われ〉がいま迄と違ったかたちをとってあらわれたのである。ここではもはや〈われ〉は、充実した実体ではなく、機能的器官であり、ものを経験し、利用する主体である。この種の〈われ〉は、「それ自体において、またそれ自体のために」存在する、あらゆる〈それ〉に接近し、また〈それ〉をとらえる。そして、〈われ〉-〈それ〉という根源語を形づくるにいたるのである。「〈われ〉を意識するもの」――すなわち、「根源語〈われ〉-〈それ〉を語るもの」――は、たとえものの前に立っても、それと〈われ〉-〈なんじ〉の関係を結ばない。いや、〈われ〉は、拡大鏡によって個々のものをのぞきこみ、これを精密に観察して客観化する。あるいは、望遠鏡によって遠方をながめ、それを一個の風景と見たてて客観化する。〈われ〉-〈それ〉の〈われ〉は相手を独占しようとする感情など微塵も持たず、ただ、なにかを観察するために他のものからそれだけを孤立させ、あるいは有機的統一など無視して、それを体系のうちに織りこんでゆく。元来、相手を独占しようとする感情は、〈われ〉－〈なんじ〉の関係においてのみ生ずるものであり、また有機的統一の感情も、〈われ〉－〈なんじ〉の関係を通してのみ味わわれるのである。ところが、いまや〈われ〉－〈それ〉の〈われ〉は、あらたに事物を質の総和として見ることを知ったのである。もちろん〈われ〉－〈なんじ〉の関係においても、〈なんじ〉の質的要素が、〈なんじ〉についての記憶の一部分として残ることは考えられる。しかし、〈われ〉－〈それ〉の関係が生じるに及んで、事物は真にさまざまの質より成立するものとなったのである。はじめ、〈なんじ〉と関係を結んだ人々は夢や映像や思惟のうちにとどめられた〈なんじ〉についての単純な記憶から、自分の性格に応じた一つの核をつくり、それに〈なんじ〉の諸性質を盛りこんで、次第に発展させていった。ところが、いまや〈なんじ〉をすてて、〈それ〉と関係を結んだ〈われ〉は、時空のうちに事物を置き、それらを因果関係にゆだねるのである。かくて、あらゆる事物は、そのあるべき地位と、定められた進路と、計られるべき量と、制約されたる性質とをあたえられることとなった。

もちろん、〈なんじ〉といえども空間のうちにその姿をあらわしてはいる。しかし〈なんじ〉は、〈なんじ〉と向き合っている相手のほかはなにものも容れようとせぬ、あくまで排他的な関係に立っているから、そこでは、〈われ〉－〈なんじ〉以外のすべては、〈なんじ〉

を浮彫りのようにきわだたせるため、ことごとくうしろに消え去ってしまうのである。〈なんじ〉以外のものはけっして、〈なんじ〉と並んでこれと境を接したり、あるいは〈なんじ〉の限界を定めたりはしない。同様に、〈なんじ〉は時間のうちにもあらわれるけれど、それがあらわれるのは、「時が満ちた」ときに限るのである。なぜなら、〈なんじ〉は因果の鉄鎖の一環として存在するのではなく、まさに「純粋なる持続」のうちに存在するからである。〈なんじ〉の内面的な拡りを限定するのは、〈なんじ〉自身のみである。さらにまた、〈なんじ〉は作用すると同時に作用されるものとしてあらわれるけれど、しかし、それは因果の鉄鎖にしばりつけられたものとしてではなく、〈われ〉との相互作用にもとづいた関係において、「初めにして、しかも終り」としてあらわれるのである。このような〈なんじ〉とことなり、〈それ〉は秩序正しく排列することができる。これこそ、人間世界における根本的真理の一つといえよう。事物は、〈なんじ〉から〈それ〉に変ずるにつれて、巧みに整理し、秩序をあたえることができるようになる。これに反して、〈なんじ〉はそうすることが絶対にできない。

ところで、話がここまで来た以上、われわれは根源的真理の他の一面についても語らなければならない。なぜならば、この一面がなければ、真理そのものが無益な断片になってしまうからである。では、その一面とはなんであろうか。それは、まさに「秩序ある世界と世界秩序とは違う」ということである。われわれは、どういうわけか分らないけれど、とにかく眼前に世界秩序の完全におこなわれている様を目撃するような深い沈黙の瞬間が存在することを知っている。こうした瞬間には、「世界秩序」のかなでる美しい楽の音が諸君の耳に伝わってくるであろう。これにくらべるならば、「秩序ある世界」とは、「世界秩序」の音楽の出来の悪い楽譜《スコア》みたいなものなのである。さて、こうした世界秩序の深い沈黙の瞬間は、永遠不滅であり、しかも同時にもっともうつろいやすい。また、われわれ人間はそこからなんの内容もつかみとることができないが、しかし、こうした瞬間の持つ力は、人間の創造活動と認識作用に入りこみ、またその光は、既成の秩序ある世界に流れこんで、それを再三再四あらたなものに作りかえてゆく。これは個人の歴史においても、また民族の歴史においても同じことなのである。

＊

世界は、人間の二重の態度にもとづいて二重となる。

われわれは、自分の周囲をとりまいているものを認識する。たんにものとして認識するばかりでなく、そのうちにひそむ存在一般を……。また、われわれは、自分の周囲に生じる出来事を認識する。たんに出来事を出来事として認識するばかりでなく、それを通じて行動そのものを……。さらにまたわれわれは、質よりなるもの、瞬間よりなるもの、空間の網にとらえられたもの、時間の網にとらえられたもの、他のものと並んでこれと境を接し、他のものによって計量され、またそれらと比較されるような事物をも認める。つまりわれわれは秩序ある、そしてわれわれから離れたところにある世界を認識するのである。こうした世界は、ある程度、信頼することができる。そこには、密度もあれば持続もある。その組織は調べることもできれば、またそれをいく度となくひき出してみることもできる。われわれが両眼を閉じればその映像はまぶたに宿り、両眼を開けばその存在はただちに首肯される。それは、見方によっては、いついかなる場合にも諸君の皮膚に接して存在しているとも思えるし、また考えようによっては、諸君の心のうちに身をかくしているともいえる。それはわれわれの対象として、われわれの欲するかぎり存在しつづける。けれど、心のうちにおいても、そとにおいても、それはわれわれとは完全な他者なのである。

さて、いまわれわれがこのようなものを認識し、みずからそれを真理と考えたとする。すると、それはわれわれにとって「真理」になるであろう。しかしそうだからといって、そのものが自己をわれわれに捧げたというわけではない。ただ、われわれは、こうした客観的事物とかかわり合うことによって、他人に自分を「知らせる」ことができるだけなのである。なぜなら、われわれは各人各様のかかわり方で客観的事物と関係を結んでいるが、しかし、そのかかわり方いかんによらず、これらの事物はよろこんで、われわれすべての共通な対象となるからである。しかしながら、われわれはこのようなかかわり方を以て他人と「出会った」と考えてはならない。なるほど、われわれは〈それ〉なしでは生きてゆけない――なぜなら、この世でわれわれをささえてくれるのは、〈それ〉のしっかりとした現実性だからである。しかし、もしもわれわれが〈それ〉の世界で死んだならば、われわれは無という墓のうちに葬り去られるより仕方がないであろう。

それとは反対に、われわれは自分と向き合った相手として、あるいは単独者ないし一箇の存在者として、存在し生成しているものと出会うことがある。およそ存在するものは、生成によって自己の何たるかを示すものであり、また生成するものは、存在の赤裸々な姿をわれわれにつたえるものである。われわれにとって現存するものといえば、まさにこの単独者以外にはない。しかも、この比類のない単独者が、われわれに全世界を知らせるのである。「出会い」においては、比較計量などということは、まったくおこなわれない。では、計量できないものは、どの程度まで、客観的世界にもたらされるのであろうか。それはまったく、われわれの考え方による問題である。とにかく、われわれは他者との出会いをもとにして、そこから客観的世界を作り出すことはできない。なぜなら、各々の出会いは、まさに「世界秩序」の象徴だからである。それゆえ、よしんば一つの出会いと他の出会いとの間になんの関連がなくても、各々の出会いは、われわれと世界との間に確乎としたきずなのあることを示しているのである。われわれにとっては、出会いを通じて出現するこのような世界は、おそろしく不確実に思えるかもしれない。なぜならば、この世界は、つねにあらたな外観を呈していて、言葉では到底とらえられないからである。

いましばらくこの世界の特色を考えてみるならば、第一、そこには密度がない。なぜなら、この世界では、すべてのものが他のすべてのもののうちに染み通ってしまっているからである。つぎに、この世界には持続もない。なぜなら、この世界はこちらが呼ばないでもわれわれの方へやってくるかと思うと、われわれが死にものぐるいでしがみついても、忽然として腕の間から抜けていってしまうからである。さらにまた、それは一望のもとに見渡すことができない。もしもわれわれが、この世界を見渡そうとすると、それはたちどころに消滅してしまうからである。また、この世界はわれわれを外に連れ出そうとして、われわれのもとをおとずれる。しかし、もしもそれがわれわれのところまで達しないか、あるいはわれわれと出会わなかったならば、それはいったん消え去り、別のかたちをとってふたたびやってくる。この世界は、われわれのそとには存在しない。それはわれわれの心の内奥にはたらきかける。それゆえ、もしもわれわれがこの世界を「わが心の心」と語っても、それはけっして言いすぎにはならない。しかし、気をつけなければならないのは、この世界をわれわれの心の裡《うち》に移してしまおうと望むことである。なぜならば、もしもわれわれがそれを心の裡に移そうとこころみるならば、この世界はたちどころに消滅してしまうからである。

以上述べたような世界こそ、われわれの現存である。われわれがこうした世界を有しているとき、すべてはわれわれにとって現存的となる。もちろん、われわれはこの世界を自分の対象として体験し、また利用できないわけではない。それどころか、われわれは生きてゆく上に絶えずそうしなければならないのである。しかし、その反面、そうするごとにわれわれは、もはや現存するものを持たなくなるのである。現存する世界とわれわれとの間には、互いに自分をあたえ合う関係が存在している。われわれはこの世界にたいし〈なんじ〉と呼びかけて、自分をそれにあたえ、またこの世界はわれわれにたいし〈なんじ〉と呼びかけて、自分をあたえる。こうしたやりとりは、やりとりするものだけに納得されるのであって、これを第三者に理解させるということは、絶対に不可能なことである。自分は自分の相手とともに、ただ二人きりしかいないのである。しかし、こうした世界はわれわれに、他のものとの出会いを教えてくれる。また、われわれが他のものと出会ったときには、自分の立場を失わないようにわれわれを支持してくれる。関係の世界がおとずれてくれるときは嬉しく、関係の世界が去るときは悲しい。まことに、この歓喜と悲哀とを通じて、この世界は関係の平行線が出会うところ——すなわち〈なんじ〉——へとわれわれをみちびいてゆくのである。なるほど関係の世界は、われわれの生計の助けにはならない。しかし、それは、われわれが永遠をかいま見ようとするとき、われわれを限りなく助けてくれるのである。

*

〈それ〉の世界は空間と時間の網にとらえられている。
〈なんじ〉の世界はそのいずれの網によってもとらえられていない。

〈われ〉と〈なんじ〉の関係が終局に達すると、個々の〈なんじ〉は変じて〈それ〉とならなければならない。

これとは逆に、個々の〈それ〉は、関係のうちにはいりこむと、〈なんじ〉に変ることもできる。

この二つのことはいずれも、〈それ〉の世界における根本的な特権である。この特権のおかげで、われわれは〈それ〉の世界のことを「そこに住みつかなければならない世界」、「住みごこちのよい世界」、あるいはまた「われわれにあらゆる刺戟や興奮、活動や知識をあたえてくれる世界」と考えるのである。ところがこうした確乎としてしかも役に立つ〈それ〉の世界に、にわかに〈なんじ〉の実現される瞬間が生じる。それはまるで今まできいたこともない抒情的な、劇的な挿話《エピソード》とでもいうように、時間の流れに突如として生じるのである。こうした瞬間は、ひとを恍惚とさせるようなあやしい魅力をたたえている。だから、われわれは得てして常軌をはずし、極端に走ってしまうのである。また、こうなると、多くの試煉を経て、しっかりとわれわれをささえてくれている日常性のたがはゆるみ、生活の安らかさはめちゃくちゃに破られてしまう。それゆえ、こうした瞬間がすぎ去ってしまったあと、われわれの心に残るのは、満足感ではなく、むしろ不安なのである。――つまり、この瞬間は、われわれが体験しないですめば、それにこしたことのないような薄気味悪い瞬間のように思われるのである。たとえ、われわれがこうした瞬間を味わったとて、どうしてもそれと別れて「日常の世界」に戻ってこなければならないとするならば、はじめからどこにも行かないでいた方が、どれほど賢いかわかりはしない。実際、われわれと向き合って湧き立っている〈なんじ〉の世界をおし静め、それを一まとめにして対象の世界に投げこんでしまって、なにが悪いだろうか。ときには、父や妻や、友に〈なんじ〉と呼びかけなければならないときがあっても、口では〈なんじ〉と言いながら、腹の中では〈それ〉と思ってどこがいけないのだろうか。声帯を振動させてなーんーじと発音することは、この薄気味悪い根源語を語るのとけっして同じではないのだ。真に〈なんじ〉と呼びかけるぐらいなら、相手に色恋をしかけようとして、「なんじよ」とやさしく魂こめてささやきかけた方が——もしもそのまじめな動機が自分の経験のため相手を利用するという気持ち以外にないならば——まだしも害は少かろう。

われわれは赤裸々な現存のうちに生きることに耐えられない。いや、もしもわれわれが現存をすみやかに、また徹底的に打ち従えようとしてなんらかの手をうたないならば、われわれは現存によって喰いつくされてしまうであろう。これに反して、われわれは赤裸々な過去に生きることはできる。実際、われわれの生活は、過去に生きてはじめて組織化され得るのである。だから、もしもわれわれが現存を打ち従えようと欲するなら、すべからくおのおのの瞬間を、経験と利用で満たしてしまうべきであろう。そうすれば、瞬間はもはや燃え上ろうとはしない。

世の人よ。あらゆる重大な真理をふくんだ次の言葉を聞くがよい。曰く、「ひとは〈それ〉なくして生くることを得ず。されど、〈それ〉によりて生くるものは、真の人間にあらざるなり」。

訳　注

＊1　ズールー人　南アフリカのナタール地方に住む好戦的な人々でバンツー族に属している。

＊2　フェゴ諸島　スペイン語で「火の国」の意味。南アメリカ南端の群島。マジェラン海峡をはさんでアルゼンチンに対し、その最南の島の南端はケープ・ホーンである。アルゼンチン領とチリー領とに分れている。

＊3　カフィル人　南アフリカのナタール、その他の地方に住む人々。ズールー人と同じくバンツー族に属す。

＊4　マナ　メラネシアの土着語で「打勝つ」、「勢力ある」などを意味する。メラネシアをはじめ、広く太平洋諸島の民族に見られる非人格的、超自然的勢力の観念。この力は人、生物、無生物、器物などに附帯し、「あの人あるいは物はマナを持っている」という風に言い表わされた。
オレンダ　マナと同じような呪力観念の一つ。アメリカのイロクワ人、ことにヒューロン族の間で信じられた。民族学者〔ジョン・ナポレオン・ブリントン・〕ヒューイット〔一八五九―一九三七年〕によれば、人間ばかりでなく動物も、オレンダの強さによって驚異的なはたらきをするという。
ブラフマン　インド正統バラモン思想における最高原理、梵、あるいは最高梵。ブラフマンは最初ヴェーダの讃歌、祭詞、呪詞を意味し、さらにその本質としての神秘力と考えられていたが、やがてヴェーダ至上、祭式万能を主張する書、ブラーフマナ以後は世界の根本的創造原理となり、プラジャーパティの創造物の一つと見做されるようになった。

パピルス本　パピルスに記録した古代の写本の断片で、最近発見された第二世紀パピルス本は新約聖書原文の重要な資料をなしている。

デュナミス　ギリシャ語で「力」、「能力」などの意。初代キリスト教神学においては精神的世界の最高位の力と解されていた。

カリス　ギリシャ語で「神のたまもの」の意。ロマ書十二の六、コリント前書十二の四などにおいて、他人に善行をおこなうさまざまの能力のことが説明されている。

第二篇　人間の世界

個人の歴史と人類の歴史とは、たとえいかなる点でつねにその本質を異にしようとも、すくなくともつぎの一点においては、一致している。それは、すなわち、いずれの場合においても、「歴史は〈それ〉の世界のひろがってゆく様を示す」ということである。

もちろん、種族の歴史についてこうした断定を下すことは問題となるであろう。しかし、文化的諸領域は、さまざまの特色をそなえているとはいえ、つねに、同一構造をもった原始的状態から相ついで発生し、また、こうした原始的状態に適合したごくわずかな対象の世界を有しているものなのである。

この意味からいうなら、個人の生活に比較することのできるのは、民族生活よりはむしろ文化生活だといえよう。しかも、他からまったく孤立した文化ならいざ知らず、多少とも文化的交流のあるところでは、一文化はすでにそれ以前から存在してきた他の文化の影響を受け、またそれと同時に、その文化に属する〈それ〉の世界をも引き継いでいるのがつねである。もちろん、こうしたことは、その文化の初期の段階にも、また絶頂の段階にも生ぜず、その中間的段階に生ずるものであり、また、その影響の受け方にも色々あって、あるいはギリシャ人がエジプト文化を受け継いだときのように、同時代の文化によって直接影響される場合もあり、また、西欧キリスト教世界がギリシャ文化を受け継いだときのように、過去の文化によって間接的に影響される場合もある。しかしいずれにせよ、これらの文化は、その文化自身の直接的体験によって〈それ〉の世界をひろげたばかりでなく、他の文化が得た体験を摂取することによって、〈それ〉の世界を増大していったのである。文化が、自己の完全な独自性を発揮し、決定的に自己を成就するに至るのは、わずかにその文化が発展の窮極段階に達したときに限るのである（ただし、ここでは、〈それ〉の世界についてのみ述べ、〈なんじ〉の世界の働きが文化の形成にいかにすぐれた貢献をはたすかについてはいうことを止めよう）。それゆえ、一般的にいって、あらゆる文化はそれ以前の文化に比較して、対象の世界をより多く含んでいるといえよう。〈それ〉の世界は、一見したところ、その拡大がいかにしばしばさえぎられ、また逆に縮小してゆくように見えようとも、実は歴史的過程のうちにつねに着々とひろがっているのである。しかしながら、これに関連して、一文化の世界観が有限的か無限的か――あるいはもっと厳密にいうならば、非有限的か――ということは、ここでは大して重大な問題とはならない。「有限的」世界の方が「無限的」世界より、より多くの部分や事物や過程を含んでいるということさえ、あり得るのだから……。

さらにまた大切なのは、各々の文化が、自然に関してどれだけの知識を持っているかということばかりでなく、社会的区別と技術的進歩の点でどれだけすぐれているか、ということを比較対照してみることである。なぜなら、〈それ〉の世界は、まさにゆたかな社会的区別と技術的進歩によって拡大されてゆくからである。

ひとと〈それ〉の世界の根源的関係は、経験と利用という二つの要素を含んでいる。われわれはものを経験することによって、絶えず世界の構造を調べ、またものを利用することによって、絶えず人間生活を維持し、容易にし、またそれに道具を備えつける等、さまざまな目的を世界にあたえる。〈それ〉の世界が拡大されればされるほど、〈それ〉の世界を経験し利用する人間の能力もまた、拡大されてゆく。個人は直接的経験を間接的経験にかえ、それによって、「知識の獲得」をはかる。また、個人は、〈それ〉の世界の利用をますます「専門化」してゆく。こうして、経験と利用の能力は、一時代から他の時代にかけて、必然的に進歩してゆくのである。そして、これこそ一般に「精神生活」の着実な進歩と称せられているものなのである。ところが真実においては、およそこの言葉ほど、真の「精神」を冒瀆するものはない。なぜならば、この意味での「精神生活」は、かえって真の精神生活を阻害するものであり、たとえわれわれがこれを十分に支配し、またかたちをあたえたところで、せいぜい精神生活の素材として用いられるにすぎないからである。

たしかに、それは阻害である。なぜならば、経験と利用の能力は、大体において、〈われ〉－〈なんじ〉の関係の力が減少したときに生じるからである。われわれが真の精神生活を送ることができるか否かは、まさに〈なんじ〉の世界と関係を結ぶことができるかいなかによってきまるといっても過言ではない。

*

人間のうちにあらわにされる精神とは、まさに〈なんじ〉にたいするそのひとの応答《いらえ》のことである。ひとは多くの言葉を語る。その言葉には、実際に語る言葉あり、芸術という言葉あり、また行動という言葉がある。しかし、精神は一つ、〈なんじ〉にたいする応答である──神秘の奥底からわれわれに話しかける〈なんじ〉にたいしての応答である。精神は言葉である。ところで、言葉による話は、はじめひとの頭のなかで言語の形式をとり、つぎに咽喉で音となる。しかし、そのいずれのはたらきも、たんに真の事実のゆがんだ切れはしにすぎない。なぜなら、実際は、言葉はひとのうちには宿らず、かえってひとが言葉のうちに宿って、そこから語りかけるからである。同じことは、あらゆる言語やあらゆる精神についてもいえるであろう。精神は〈われ〉のうちになく、〈われ〉と〈なんじ〉の間にこそ存在する。精神は人間の体内を循環する血液ではなく、むしろ、われわれが呼吸する空気のようなものである。われわれは、〈なんじ〉に応答することができるかぎり、精神のうちに宿ることができる。自分の全存在をなげうって〈なんじ〉と関係するかぎり、われわれはつねに精神のうちに住むことができるのである。われわれが、精神のうちに住むことができるか否かは、まさに、われわれが〈なんじ〉に応答することができるかいなかによって決まるのである。

しかし、われわれは〈なんじ〉と真剣に応答するとき、〈われ〉－〈なんじ〉の関係にまつわる運命がもっとも力強くその姿を現わしてくるのを知る。では、その運命とはなんであろうか。それは、〈われ〉と〈なんじ〉の応答が烈しければ烈しいほど、応答は〈なんじ〉

を強くとらえ、また同時に〈なんじ〉を〈それ〉に変じてしまうということである。この運命から〈なんじ〉を救い、〈なんじ〉をのびのびと活動させるのは、〈なんじ〉以前の沈黙——つまり、相手に言葉を語りかけるまえの沈黙——あるいは形をあたえ声に乗せた応答より以前の、いまだ分節されていない言葉の沈黙——のみであろう。われわれは、たとえ精神がその姿を現わしていなくとも、たしかにどこかにひそんでいる言葉以前の沈黙において、〈なんじ〉と関係を結ぶのである。これに反して、〈なんじ〉にたいする明確な応答は、すべて〈なんじ〉を〈それ〉の世界につなぎとめてしまう。これが人間存在の悲劇であり、また偉大さでもある。なぜなら、〈なんじ〉が〈それ〉の世界につなぎとめられてはじめて、生きている人々の間に知識が生れ、作品が完成され、像や象徴が作り出されるからである。

しかしながら、このようにして〈それ〉に変じ、ものの一つとなってしまった〈なんじ〉は、それからさき無限に流転を続ける運命を背負わされる。つまり、いままで〈それ〉であったものは、精神がひとをとらえ、かれのうちに応答を起させると、にわかに燃え上って現存的となり、〈それ〉は以前の〈なんじ〉に復帰する。こうして、人々はふたたび〈それ〉を現存のうちに眺め、またそこに生きることができるようになるのである。

ところが、このような〈なんじ〉の運命も、〈それ〉の世界と結んで〈なんじ〉をもっぱら経験と利用の対象とすることに汲々とした人々によって、ひとたまりもなく破壊されてしまう。かれらは〈それ〉の世界に含まれたすべてのものを解放するどころか、かえってみなおしつぶしてしまう。かれらはものを全体的に眺めず、すべてのものをこまかに切り放ち、現実をあるがままに受け容れないで、自分に都合よく改めてしまうのである。

たとえば、「認識」ということを考えてみよう。存在の本質は、知るものと知られるものとが相互に眺めあうときにはじめてあらわにされるのである。なるほど、認識するものは、現存のうちに眺めた〈なんじ〉を、改めて対象として把握し直し、それを他のものと比較し、一定の秩序のうちにおさめ、客観的に記述し、分析しなければならない。――なぜなら、なにものも、〈それ〉としてでなければ、われわれの認識作用に入りこむことができないからである。――しかし、われわれがそのものと互いにじっと眺め合うときには、それはたんなるものでもなければ、現象でもなく、まさに現存する唯一者となるのである。まことに、存在の本質とは、現象から抽象された法則によってわれわれに伝えられるようなものではなく、存在自体がみずから進んで自己をわれわれに訴え出たとき知られるものなのである。

さて、このような場合に、われわれが一般論をふりかざしたところで、それはもつれた糸をときほごすにすぎないこととなるであろう。なぜなら、われわれはいままで、それを特殊な相のもとに――すなわち現存の相互性のもとに――考えてきたからである。それなら、話をかえて、もしも存在の本質が〈それ〉なる概念的知識形態に含まれてしまったとしたらどうであろうか。この場合、もしもわれわれが存在の本質を概念的知識から解放して、ふたたび現存の一刹那から眺めるならば、それは、「人間のあいだにおいて現実的に作用しようとする」認識作用の本質を完全にとりもどしたことになるであろう。しかしながら、もしもわれわれが、「それはこのように在り、このように呼ばれ、このように作られ、また、その場所はどこそこだ」というような仕方で認識するならば、〈それ〉となった存在の本質は〈それ〉となったまま、経験され利用され、ひとが世界における「自分の位地を決定し」、またそれによって世界を征服するときの手段として用いられるにすぎないであろう。

芸術についても、これと同じことがいえよう。たとえば画家が、自分と向き合っている相手と互いに眺め合うとき、かれにはあるかたちがあきらかになってくる。そこで、画家はこのかたちを絵のなかに固定化する。この絵は、神々の世界のものではなく、広い人間世界のものなのである。そして、たとえわれわれがそれを探し出さなくても、その絵はたしかに「そこに」ある。ただ、それは眠り続けているだけなのである。このことについて、ある中国の詩人は次のようにうたった。「自分はやせた馬にのり、玉笛を吹いた。しかし、世の人々はその音楽に耳を傾けようとはしなかった。そこで、自分は神々に向って、玉笛を吹いた。神々はそれに耳を傾け大いに喜ばれた。すると、それからというものは、人々もまたその玉笛を聞くようになった。こうして、詩人は、神々のもとを去り、芸術がなければすまない人間の世界にもどった」というのである。つまり、まず最初に、この詩人の音楽は、夢のなかでひとに出会うことを熱望した。するとひとは、それによって自分をしばりつけている束縛を断ち切り、時間の外なる一刹那において、芸術の形態をいだきしめた。そして、それがすんだのちに、ひとはさらに進んで、この作品はこういう風にできているとか、これこれのように表現されているとか、またその性質はこれこれしかじかで、芸術的価値からというとこれこれの段階である等、知らねばならないことをすべて、経験から学び知ったのである。

　こうしてみれば、芸術作品についての科学的理解、あるいは審美的理解に、果すべき役割が存在していないわけではない。ただ、こうした理解の仕方は、自分の役割を忠実に果したのち、人間知性のすべてを含み、かつこれを超越するところの、関係の真理のうちに没入してしまわなければならないのである。

　以上、認識と芸術につぐものに、必然的な行為、あるいは純粋な行為が存在する。この行為は、認識や芸術の精神よりいっそう高尚である。なぜなら、ここでは、朽ち果てるべき肉体の衣を着た人間は、自分のあとかたを、自分よりいっそう長持ちのする物質に刻みこむ必要がないからである。いや、ここでは人間そのものが、いわば一箇の芸術作品となって生き残るからである。かれは、自分が語った生きた言葉の音楽につつまれて、燦然と輝く霊の星空へとのぼってゆく。〈なんじ〉は深い神秘の淵からその姿をあらわし、暗黒からかれに呼びかける。かれはそれにたいし、自分の生命のすべてをささげて答えるのである。かくて、かれの語る言葉は生命となり、また生命は教えとなる。この生命は、あるときはおきてを完成し、またあるときはそれを蹂躙する。精神が地上で死滅してしまわないためには、おきてを完成することも、またそれを蹂躙することも、いずれも絶えず必要なことなのである。またこの生命は、存在し、あるいは必然的に存在せねばならぬものを、あとより生れくる人々に教えようとしてあらわれるのではなく、自分が〈なんじ〉と向き合いながら精神のうちにどのように生きたかを教えるためにあらわれるのである。換言すれば、この生命は、いかなるときにおいても〈なんじ〉となり、またあらたな世代の人々に〈なんじ〉の世界をうち開く用意をしている。――いや、用意しているだけでは満足せず、みずから進んでたえず人間に接近し、また接触しているのである。

ところが、世の人々は、かれらの精神の世界を開いてくれるこの生命と接触する気もなく、またそれに適してもいないから、結局、死んだ知識を得るのみなのである。かれらは、生きた人間を歴史のうちにくぎづけし、生きた言葉を書庫のうちにとじこめる。かれらは、完成したおきてや、破り去られたおきてを、そのまま法典に編む。そして、いかにも近代人らしく、死んだ知識に賞讃を惜しまず、やがてははなはだしく「心理的なもの」とまじり合った偶像崇拝におちいるのである。おお、夜空にただ一つまたたく星よりもさらに孤独な顔よ。無感覚なひたいの上におかれた生ける指よ。おお、いよいよかすかに、こだましつつ消えゆく足音よ。

＊

人間が、〈われ〉—〈なんじ〉の世界に入る力を失うにつれて、経験と利用の機能はいよいよ増大してゆく。

精神を、自分のたのしみの手段とするものは、かれをとりまく人々にたいしてどのように振舞うことであろうか。〈われ〉と〈それ〉とをひき離す分離の根源語に従順なものは、他人との社会生活をもはっきりとした二つの領域に分ける。その一つは制度、他は感情。前者は〈それ〉の領域であり、後者は〈われ〉の領域である。

制度はわれわれの「そと」に存在する。この領域においては、われわれはあらゆる目的を追求する。たとえば、労働し、商売し、他人に影響をあたえ、計画を立て、人と共に動き、組織を作り、取引きをし、職務を果し、説教する等々。だから、この領域内における秩序はかなりよくととのい、調和もとれ、さまざまの事柄が人間の頭脳と技術の助けをかりてグングンおこなわれてゆく。

これに反して、感情はわれわれの「うち」に存在する。この領域には生命が宿っているから、われわれがこの領域にはいれば、制度の世界の疲れを取りのぞくことができる。また、ここでは感情が五彩の光をはなっていて、われわれの目をたのしませてくれる。われわれは心ゆくまで好きだの、嫌いだの、たのしいのというような感情にひたり、また、もしあまりひどくなかったならば、苦しいという感情さえ、ひそかに楽しむことができるのである。とにかく、ひとたびわれわれが感情の領域に足を踏み入れるならば、われわれは家に帰って安楽椅子に身体をなげかけ、長々とねそべったときのように、気らくになるのである。

いま、制度と感情をものにたとえていうならば、制度はひとの雑踏する広場であり、感情は多彩な変化と興味にあふれた婦人の私室とでもいうことができよう。

なるほど、これらの領域の境では、たえず越境問題が起きている。というのは、勝手な感情が、しばしばこの上なく客観的な制度に闖入するからである。しかし、こうした紛争も、双方の善意によって、やがて無事落着することになっている。

越境問題でなにより厄介なのは、いわゆる個人生活の領域をどこまでにするかという問題である。たとえば、結婚生活にこうした境界線を引くことは、そう簡単な問題ではない。それができるようになるのは、よほどのちになってのことである。ところが、公的生活となると、われわれは完全に境界線を引くことができる。たとえば、党や、党から超越することを目的とするグループにおいては、天を駈けるような大志を論じる会議と、時計の針のように規則正しく、動物のように無頓着に次々とおこなわれてゆく実務とが、実にはっきりとした一線で分けられているのである。

しかし、ひるがえって考えるならば、制度の領域において〈われ〉と分離した〈それ〉

は、魂を失ったドロ人形にひとしく、[*1] また、感情の領域にあって〈それ〉と分離した〈われ〉は、あてどなく翼をバタつかせて飛んでゆく「魂の鳥」にすぎない。制度は標本を知り、感情はものを知るのみであって、そのいずれも真の人間、真の人格を知らず、また〈われ〉と〈なんじ〉の相互の生活をも知らない。それ故にまた、いずれも現存を知らない。もっとも現代的なることを誇りとする制度でさえ、すでに完結し枯渇した過去を知るのみであり、また、もっとも永続性をほこる感情でさえ、いまだ現存の世界にもたらされていない、はかない瞬間を知るにすぎない。制度も感情も、いずれも片方では真の生命にふれているとは言いがたい。制度はいかなる公的生活も生み出さず、感情はいかなる個人生活ももたらさない。

「制度は公的生活を生み出さない」——この事実は、多くの人々によって、ますますはげしい苦痛とともに認められるようになった。そして、ここから、現代の不安と苦悩が生じているのである。これに反して、「感情が個人生活を生み出さない」という事実は、ごく限られた少数の人たちにしか知られていない。なぜならば、だれもが、「あらゆるうちでもっとも個人的な生活は感情生活である」と思いこんでいるからである。さらにまた、もしもわれわれが、近代人のように感情にのみとらわれ、その結果、ついに感情のむなしさに絶望したとしても、それに教えられてわれわれの心が救われるというようなことはけっしてないであろう。なぜならば、その絶望すらが、また、われわれの興味をそそる感情に変ってくるからである。

さて、制度によっては公的生活が生み出されないということを知って苦しんだひとは、ついに一つの解決策を思いついた。それは、感情の力を借りて制度の力をゆるめ、そこに「感情の自由」をみちびき入れて、感情から発する新鮮な生命を吹きこもうというのである。たとえば、もしも機械的な国家が、真の共同社会を建てもせず、またそれを建てる援助もしないで、ただ、たがいになんの関係もない国民を巨大な組織のうちにまとめ上げようとしたならば、これらの人々は「こんな国家を廃して、愛にもとづく共同社会を打ちたてなければならない」と主張するであろう。ところで、かれらのいう愛の共同社会とは、人々がのびのびとした感情をゆたかに持ち、他人とあたたかい気持ちで共同生活をしたくなった結果生ずる社会のことなのである。しかしながら、事実はそのようなわけにはゆかない。真の共同社会は、人々が互いにあたたかい感情で思い合ったからといって、実現されるものではない（そうした感情がなければ実現され得ないのはもちろんのことであるけれども……）。それを実現させるには、なによりもまず、人々が一人一人生きた中心と関係を結び、つぎに、かれらがたがいに共同に結びつくというような生活を営まなければならない。この場合、人々が互いに結びついた生活を送るには、なんとしてもまず生きた中心と関係をむすぶことが先決問題である。生きた中心との関係が生じないかぎり、人と人との結びつきが実現するわけはないのである。もちろん、生きた相互関係が感情を含んでいることはたしかである。しかし、そうした感情があるから相互関係が生ずるのではない。共同社会は、人間の生きた相互関係から築き上げられるが、それを築き上げるのは、まさに生きた中心そのものなのである。

それればかりではない。感情の発露がいかに自由であろうとも、感情だけでは、個人生活を左右する制度にさえ、あたらしい生命をあたえることができない（もちろん、自由な感情が発揮されなければ、個人生活の制度はあらたにされはしないけれども……）。たとえば、夫婦は、いついかなるときにおいても、結婚成立の条件である、「たがいにとっての〈なんじ〉をあきらかに示すこと」を怠るかぎり、真にあらたな生命を得ることができないであろう。これからして、結婚とは、夫婦いずれの〈われ〉でもない〈なんじ〉を基礎として、その上に築き上げられなければならないことがわかる。これこそ愛の超心理的、形而上学的要素であって、これに比較するならば、愛の感情など、まさに二次的な附属物にすぎない。それにもかかわらず、もしもひとが、この生ける中心的〈なんじ〉以外の力によって、結婚生活にあたらしい生命をあたえようとするならば、それは、事実上結婚生活を否定することになるだろう。なぜならば、かれらは結婚におけるもっとも重大な要素を知らないからである。たとえば、今日大いに論ぜられている性愛の哲学から〈われ〉の体験のすべてをとりのぞいてしまったら――言いかえると、男女が相手を〈なんじ〉と認めず、かえってこれを手段として自分の楽しみにふけるというこの哲学の主張を度外視したなら――一体、この哲学になにが残るであろうか。

真の公的生活と真の個人的生活とは、まさに関係の二つの形式である。これら二種類の生活が生じ、また永続するためには、感情（変化する内容）と制度（恒久的な形式）との二つがなければならない。しかしながら、たとえ両者が一つに合わさっても、それだけで人間生活がつくり出されるわけではない。そこには、第三の要素、すなわち中心的な〈なんじ〉の現存、いや、もっと正確にいうならば、現存するものとして受け入れられた中心的〈なんじ〉——がなければならないのである。

＊

〈われ〉－〈それ〉という根源語そのものはけっして悪ではない。それは、ちょうど物質それ自身が悪ではないのとおなじである。だが、もしもこの根源語が、いかにも現存的特質を有するがごとく見せかけるならば、物質の場合と同様悪となる。そこで、もしもひとがなにもするところなく手をつかねているならば、〈それ〉の世界は絶えず増大し、人々から〈われ〉の実在性を奪い去り、かれらを蹂躙する。そして、ついには人々の上にのしかかる〈それ〉という悪夢と、かれらのうちなる〈われ〉というまぼろしとが、互いに、人間の劫罰をささやきかわすこととなるであろう。

＊

——しかしながら、近代人の集団生活は、必然的に〈それ〉の世界におちいるようにできているのではなかろうか。経済と国家というわれわれの生活を律する二大組織が今日のように完璧なものになると、あらゆる「直接的関係」を否定し、それ以外のすべてがおこなう決定をはっきりと拒絶する立場のほか、いかなる立場に立つことも考えられないのである。さらに、これらの組織を支配しているのが、経験的、功利的な〈われ〉であるが故に——すなわち、経済生活においては財産や労働を利用する〈われ〉であり、政治生活においては人々の輿論や傾向を利用する〈われ〉であるが故に——このような〈われ〉の無制限な支配のおかげで、これら二大組織は、堅固で大規模な「客体的」組織を持つことができるようになるのである。実際、指導的政治家や経済学者の偉大さは、他人を〈なんじ〉としてではなく、まさにかれらの事業や活動の手段として眺め、その特殊能力をしらべて、利用すべきはこれを利用しようという態度をとるところにある。もしもこの場合、かれら支配者が、「〈かれ〉プラス〈かれ〉プラス〈かれ〉イコール〈それ〉」という式をまねて、（いかに合計しても〈なんじ〉は依然として〈なんじ〉にすぎないのに）〈なんじ〉プラス〈なんじ〉プラス〈なんじ〉からその総和を出そうとこころみるならば、政治の世界も経済の世界も、たちどころにかれらの頭上に崩れおちてくることであろう。つまり、それは、われわれが形式にたいする支配力を失って、気むずかしいディレッタンティズムに陥り、明白な理性を棄てて、愚かしい熱狂主義にふけることとなるのである。さらにまた、もしもわれわれが、支配者の側から被支配者の側を眺めるならば、われわれは近代における労働と所有の進歩発展が、かえって〈われ〉－〈なんじ〉の生きた関係を破壊してしまったことを知るのである。しかし、それだからといって、いまからこうした近代的進歩を逆転させようとするのは、馬鹿げきったことであろう。また万が一、われわれがこうした愚かしいくわだてを実行するならば、現代文明の、それはそれなりに調和のとれている大きな精密機械は破壊され、また、それとともにこの文明によって生活を保障されている無数の人々も消滅してしまうことであろう。

世のおしゃべりどもよ。お前らの言葉はおそすぎた。もう少しまえだったら、お前たちは自分のしゃべることに自信が持てたろう。しかし、いまとなってはもはや、お前たちは自信を持つことができない。なぜなら、お前たちはやっといまになって、国家が人力によって動かすことのできないことを知ったからである。なるほど、国家という機関車に乗りこんだ火夫は、いまだに石炭をつみこんではいる。しかしこれら国家の指導者たちは、狂ったように突っ走る機関車を、うごかすふりをしているだけなのである。お前たちが語るとき、お前たちはわたしと同様、自分の言葉とは別に、経済生活のテコが奇妙な音をたててきしみはじめているのを聞くだろう。国家の支配者たちがいかに確信にみちたほほえみをお前たちになげかけようとも、死神はかれらの心に巣くっているのである。かれらは、自力で機械を環境に適合させたと吹聴するが、事実は逆で、かれらは機械が許すかぎり、自分を機械に適合させることで精一杯なのである。かれらの代弁者たちは、いまや経済が国家の遺産を受けついでそのかわりをし始めたと主張しているが、これは実は、すさまじい勢で増大してゆく〈それ〉の暴政以外、なにも国家から受けつぐものがないことを意味するにすぎない。しかも、この暴政のもとで、〈われ〉はいよいよ万物の長たる位置を剝奪され、しかもまた、それだけかえって自分が支配者たることを夢見るのである。

人間と同様、社会もまた、もはや〈それ〉なしではすまされない。こうした〈それ〉の世界の上を、〈なんじ〉の現存は、「神の霊が水のおもてをおおう」ようにおおっているのである。[*2] 人間は儲けたい、あるいは権力を持ちたいという気持ちによって左右されている。しかし、こうした気持ちでさえ、〈なんじ〉と関係を結びたいという別の気持ちと一緒になり、あるいはそれによってささえられているかぎり、自然で正しい結果を生ずるのである。人間のいかなる衝動も、それが〈なんじ〉と絶縁しないかぎり、悪しき衝動とはなり得ない。なぜなら、〈なんじ〉と結びつき、また〈なんじ〉によって決定されている衝動は、共同生活の生きた要素だからである。ところが、それとは反対に、〈なんじ〉と絶縁した衝動は、共同生活を瓦解させる根本原因となる。利を得ようとする意志の領域たる経済も、権力を得ようとする意志の領域たる国家も、それらが精神に参与するかぎり、生命を獲得することができる。ところが、もしも経済や国家が精神を放棄するならば、それと同時にかれらは、生命をも失うこととなるであろう。もちろん、生命の火が完全に燃えきってしまうには、多くの時間がかかる。だから、その生命のはたらきが完全に止って、そのかわりに実際は非人間的なからくりが回転しはじめても、しばらくの間は、人々はそれをまだ生命が作用していると勘違いするのである。しかし、こうなってしまっては、そこにいくらかの自発的な力を導き入れたところで、どうしようもない。経済組織や国家組織の力をいかにゆるめたところで、もはや〈なんじ〉と名附ける精神を失った代償とはならないのである。たとえ周辺にいかに大きな刺戟をあたえようと、そんなことで一旦失った中心とわれわれの生きた関係が復活する筈はない。共同生活は、その機構のすみずみにまで流れこんだ〈なんじ〉とゆたかな関係を結ぶことによって、生命を得るのである。また、この機構は、こうした精神の力を一つにまとめることによって、その形態を得るのである。精神の命ずるところに従う政治家や経済学者は、けっしてディレッタントではない。なるほど、これらの政治家や経済学者は、もし自分が利用しなければならない人間を〈なんじ〉として取扱うならば、自分の仕事が破壊されてしまうことを知っている。しかし、それにもかかわらず、かれらは危険をおかしても、他人を〈なんじ〉として取扱わないではいられない。もちろん、それは盲目的にではなく、精神がかれらに示す範囲内においてではあるが……。実際、精神はかれらにこうした範囲を示してくれる。そこで、機構が孤立しない限り、――すなわち精神が機構のうちに現存している限り――よしんばかれらが破滅の危険をおかしても、かれらの努力は成功をもたらすことができるのである。精神の命に従った政治家や経済学者は、けっして熱狂家ではない。かれらは真理に仕える。その真理は、理性よりは高いが、しかし理性を拒否せず、むしろ理性を包容した真理である。かれらが社会生活で果す事柄は、ひとが個人生活で果す事柄と同様、「たとえ精神的真理を純粋に実現することはできなくても、とにかく日々の生活においてその日に適したように、〈それ〉のうちに精神的真理を実現してゆく、そして日々あらたに辺境をひらき、あるいは発見してゆく」ということなのである。また、これと同様に、労働と所有も、かれら自身によらず、精神によってのみあがなわれる。精神があってはじめて、あらゆる労働に意味と歓喜がおとずれ、またわれわれの心に、所有にたいする敬虔な気持ちと、またそれを犠牲にしても構わないという思いきった力とが生じる。しかも、こうした力は、われわれの心にあふれるほど生じるのである。まことに、労働と所有とは、精神の現存によってはじめて〈それ〉の世界に止まりながら、しかもその内容を変じて〈われ〉に相対する〈なんじ〉となることができるのである。われわれはもはや、うしろに退くことができない。いな、われわれが最悪の危機に見舞われたとき、かえって夢にも思わなかった運動が、前へ、また外へとわれわれを押し出してゆくのである。

国家が経済を支配しようと、あるいは経済が国家に権威をあたえようと、その結果なんの変化も生じないならば、それは大した問題ではない。しかし、もしもそれによって国家機構が以前よりいっそう自由になり、また経済がいっそう正しくなったならば、それは重大な問題となろう。ただ、それは、目下われわれが尋ねている真の生命の問題にとって重大でないだけなのである。なぜならば、経済も国家も、それ自身の力では自由にも公正にもなれないからである。われわれにとってなによりも重大なこと——それは、〈なんじ〉に応答する精神がいつまでも現実に生きているかどうか、人間の共同生活に散見される精神的要素が、国家や経済に屈従しているか、それとものびのびとその力を発揮しているか、あるいはまた、個人生活に見出される精神的要素が社会生活にも宿ることができるかどうか——ということなのである。もしも社会生活が互いに無関係な要素に分裂し、精神生活がその一領域にすぎないものとなってしまうならば、精神が社会生活に生かされるというようなことは絶対におこなわれないであろう。われわれはただ、〈それ〉の世界に陥った諸領域に暴政がおこなわれ、精神から現存が奪い去られるのを拱手傍観するより仕方がなかろう。なぜならば、精神は、この世からはなれてそれだけ孤立してはなにもすることができないからである。精神はこの世に直接作用しない。それは、まず〈それ〉の世界にいりこみ、〈それ〉を変化させることによって間接にこの世に働きかける。それ故、精神が自己のすべてを世界にあたえ、また世界がそのすべてをあげて精神とまじわるとき、そして、それによって世界のみならず自己をも救うとき、精神は真に「あるべき領域におさまった」ということができるのである。今日においては、真の精神はふみまよい、弱まり、矛盾して、にせの精神と化してしまった。けれども、もしも精神がふたたび〈なんじ〉と叫ぶことのできる生命力を奪回することができるならば、そのときこそ、精神は世界と自己とを同時に救うこととなるであろう。

＊

因果律は、〈それ〉の世界においては無限の支配力を有している。感覚によって認識されるあらゆる「自然」現象や、自分の体験のうちに存在し、あるいは発見されるすべての「心理」現象は、必然的に因果の要因と見做される。そればかりでなく、窮極性をあたえるような現象でさえが、やはり因果律の支配する〈それ〉の世界の一部分をなしているのである。なるほど、〈それ〉の世界は、目的論的要素も認めはする。しかしそれは、因果律のごく一部分に反対するにすぎないか、それとも、因果律の完全な連続性を損しない程度にかぎられているのである。

上述したように、〈それ〉の世界における因果律の支配には際限がない。また、因果律は自然に科学的秩序をあたえる上でも根本的に重要なものである。しかし、〈それ〉の世界における因果律の支配は、人間にとってあまり重荷とはならない。なぜならば、人間は〈それ〉の世界に束縛されず、たえず〈それ〉を去って〈なんじ〉との関係に赴くことができるからである。こうした関係の世界では、〈われ〉と〈なんじ〉とはまったく自由な立場から、因果律と無関係な純粋行為を互いに果すのである。ここにおいては、人間は自分の自由と、普遍的なものの自由とをあわせ保障されている。こうして、関係を知り、〈なんじ〉の現存を知るもののみが、決断を下すことができるものとなる。決断は自由である。なぜなら、そのときひとは〈なんじ〉の面前に近づくから……。

わたしの意志の力を生み出すすべての素材は、焔のように渦巻き、しようと思えばすることのできるあらゆるものごとが、わたしの周囲にひしめき合っている。それらはいずれもいまだ現実とならず、もつれ合ったまま、ひとまとめにして投げ出されている。実にさまざまな力が、またたく星のように無限の彼方から光り輝き、天地はわたしを限りなく誘惑している。しかし、わたしはそれらのうちに隠れている唯一の行為――わたしを求めている唯一の行為――を探すために両手を焔のなかにつき入れ、そしてそれを掻きまわす。こうして、わたしは一瞬にしてただ一つの行為を捉える――いま、この一瞬に……。このときはすでに、深淵の脅威はとりのぞかれ、中心を喪失した「多」は、もはや以前のような輝きを呈してはいない。そこにあるのは、ただ、行為をともなわない観念か、それともわたしに背おわされた使命か、まさにそれだけなのである。わたしはそれらのいずれかを選ぶことによって、わたし自身を実現しはじめる。しかし、決断とは、「われわれが自分におわされた使命の方は果すけれど、行為をともなわない観念の方は生命のない塊として、層をなした滓《かす》のように魂の中に放っておく」ということではない。いや、われわれは観念の持つすべての力を自分の使命達成にかりたて、選ばなかった行為が持っていたすべての情熱を、選んだ行為の実現にふりそそがなければならない。このようにして、「悪しき衝動を持ちながらも神に仕えるもの」こそ、真に決断をなしたるものというべきであろう。そして、もしもこの事実が人々にとってあきらかにされるならば、そこに正義と名附けるものがあり、またそこにかれらが進み、また決断をなすべき正しい方向のあることも認められるであろう。また、もしもこの世に悪魔がいるとするならば、それは神に叛逆した決断を下したものを指すのではなく、まさに、永遠の昔から決断をなさなかったものをさすということができるであろう。

自由を保障されたものにとっては、因果律はなんの圧迫ともならない。かれらは自分の生活が、〈なんじ〉と〈それ〉の間をゆきつもどりつすることを知っている。また、それに意義のあることをも予感している。かれらは、たとえ聖所に長く止まることを許されなかったとしても、そこのしきいをいくたびもまたぐことで満足している。かれらが関係の聖所をしばしばはなれなければならないという事実こそ、かえってかれらの人生に意義深い特質をあたえるのである。ここ、聖所のきざはしでは、いつもあたらしい応答が――精神が――あかるく燃え立っている。そして、貧しく汚れた俗世で、この火花が、どれほど大きな力を持っているか、みずから人々に証《あか》しするのである。人々はその証しを見ると、もはやこの世の「必然性」などにはすこしも驚かなくなる。なぜならば、かれらはこの火花のうちにこそ、真の必然性があることを認めるからである。では、真の必然性とはなにか。それは運命にほかならない。

＊

運命と自由とは、たがいに堅い約束をかわした仲である。なぜなら、自由を真に成就したひとだけが、運命に出会うことができるからである。自分を求める行為を自分が見出したとき――つまり自分の自由から発した行為を自分がなしとげたとき――はじめて神秘はあらわにされる。それればかりでない。行為がわたしの思った通りに実現されなかったとき――つまり、〈それ〉の抵抗を受けたとき――でさえ、神秘はわたしにあらわにされる。まことに自由人とは、因果律を無視し、自己の存在の深淵から決断し、財も衣《ころも》もうちすてて、裸になって〈なんじ〉の御前に近づくものをさしていうのである。運命はかかる人々の自由な行動にたいする応答として、かれらに直面するのである。運命は自由の限界ではなく、まさにその成就なのである。自由と運命――両者はたがいに結び合って人生に意義をあたえる。またそれによって、以前は非常にきびしい目つきをしていた運命も、やがては光明にあふれた美の神のように見えてくるのである。

運命の火花を持つひとは、〈それ〉の世界に住まっても因果の必然性を重圧とは考えない。この確信は、精神の健全な時代には、精神に仕える人々によってひろく全世界に伝えられ、〈なんじ〉との出会い――つまり現存――はもっとも遅鈍な人々にさえなにか自然に、衝動的に、そして神秘的に訪れたものであった。そして、すべての人々は、どこかで〈なんじ〉を予感するようになり、また、精神は、かれらにその予感を保証するようになった。ところが、これに反して精神の病んでいる時代には、〈それ〉の世界は〈なんじ〉の世界の生き生きした流れによってゆたかに育て上げられないために、ついによどみ、くさって、霧の深い沼地から出てきては、人間を押し潰すまぼろしとなってしまうのである。人々は、現存との関係を失った物質の世界にもがくうちに、ついに押し倒される。すると、そこに因果の関係が生じ、やがてそれが宿命となって人々を圧迫し、かれらの息の根をとめてしまうのである。

あらゆる偉大な国民的文化は、出会いという根源的な関係に基いてはじめて生じたものである。換言すれば、文化の起源は〈なんじ〉にたいする応答にある。それは、精神の本質的行為によるものである。こうした本質的行為は、各時代の人々が同じ方向に努力を傾けるうちに強化され、やがて精神のうちに、宇宙についての特殊な観念を生み出すようになる。たとえば、宇宙は、こうした行為によってはじめて、「人間に把握された世界」、「祖国であり家庭である世界」、「この世における人間の住み家」となるのである。こうしてはじめて、われわれは、平静な心をもって、空間についての特殊な考え方のうちに神の住み家と人間の住み家とを仕切り、時間の振動のうちにあたらしい讃歌や音楽をみたし、また人間の社会まで形づくるのである。しかしながら、われわれは、自分の生活のなかで自分のすべてを捧げて〈なんじ〉に働きかけたり、かけられたりしなければ――換言すると、みずから〈なんじ〉と関係しなければ――自由にもまた創造的にもなることができない。もしも文化が、絶えずあたらしい関係の世界を中心として発展しないならば、その文化は生命を失って、たちどころに〈それ〉の世界へ転落してしまうであろう。今日のように〈それ〉と化した世界においては、ただ孤高な精神の所有者が、火花のようにはげしい行為で瞬間的に〈それ〉の世界から噴き出るよりほかに方法がないのである。昔は宇宙についての精神的な観念をかき乱すような力などまったくなかった因果律が、いまでは人々を圧迫し、窒息させてしまっている。かつては、ゆたかな意味の世界と調和を保ちながら、あらゆる因果律を支配した運命は、今日では意味に叛逆する悪魔に変じ、因果律にまったく屈服してしまっている。昔は恵みにあふれた律法と人々から考えられた業《ごう》でさえ、いまでは暴力としか考えられていない。なぜなら、ひとは昔はこの世におけるおこない次第で、来世にはもっと良いところに行けたのに、今日では、自分のあずかり知らない前世の業《ごう》によって、自力では到底打ち破ることのできない牢獄にとじこめられてしまっているからである。さらに、天はいままで掟によって定められ、五感によってあらわにされ、またわれわれの頭上に、ひかり輝く丸天井の如くひろがっていた。そして、そこからは必然性の柱が下っていた。ところが、いまは、その同じ天が、不合理で、威圧的な遊星の力に屈服している。むかしは、運命の支配する無限の領域に自由な気持ちで住むためには、ディケー[*3]——すなわち「天の道」にしてかつ「おのれの道」——と合一すれば、それでよかった。ところが、今日では、われわれがなにをしようと、われわれの肩には、死滅した世界——精神と無関係な宿命——の全重量がおおいかかっているのである。その後、いくたびか、人間をこうした世界から救い出そうとするくわだてがおこなわれた。けれども、それらはすべて失敗に終った。そして、ついに輪廻から解脱する方法を会得した聖人と、地上の力にとらわれた魂を救って、神の子としての自由を得させる聖者とが出現してはじめて、かかる世界から人間を救済しようとする悲願は成就されたのであった。換言すれば、こうした悲願はあらたな出会いにより――ひとが〈なんじ〉にたいして、運命を決定するようなあたらしい応答をすることにより――達せられたのである。文化はこのように、〈なんじ〉にたいするあたらしい応答がそこでおこなわれることによって直接救われることもあり、またその応答に影響された他の文化によって間接に救われることもある。

＊

現代の疾患は、他のいかなる時代の疾患ともちがっている。それにもかかわらず、現代の疾患は他のすべての時代の疾患とも同じなのである。文化の歴史は、一人の走者が他の走者のあとを追って、同じ死の競走路をなんの疑いもなく陽気につっ走ってゆく永遠の競技場ではない。いや、むしろそこには、文化の興亡を一貫して、なんとも名状しがたい道が走っているのである。それは進歩や発展の道ではなく、まさに螺旋状を描いて精神界を下降してゆく道である。しかし、同時にそれは、もっとも内面的で微細で、またもっとも複雑な渦を描いて上昇してゆく道ともいうことができるであろう。そこでは、もはや前進も後退もなく、ただまったくあたらしい逆転と突破があるのみなのである。それでは、われわれはこのような道を通って、とことんまで——最後の暗黒の試煉まで——達しなければならないのだろうか。危険のあるところにはまた、天の助けも存在するものである。

今日の生物学万能思想と歴史万能思想とは、それぞれの目的がいかに違っていようとも、運命についてかつてない苛酷な信念を作り出した点では一致している。今日では、業《ごう》の力も、星の力も、もはや人間の運命を支配しなくなった。もちろん、これらの力は自己の優位を主張してはいる。けれど、よく考えてみると、現代人はそれらの力の一つをとり出して信じているのではなく、ローマ帝政末期の人々が多くの神々を混合して信じたように、これらの力を混合して信じているのである。しかも、この混合は、各々の力が自己の優位を主張しているためにいっそう容易におこなわれている。なぜならば、これらの力がそれぞれなにを主張しようと——たとえば、「生命の法則」として、世捨人となりたくなければどうしても加わらなければならない生存競争を人々に強いようと、「心理の法則」として、人間固有の本能によって心理学的な人間を完全につくり出すことを主張しようと、あるいは「社会法則」として社会の動きは打ち克ちがたく、人間の意志や意識はその附属物にすぎないと主張しようと、さらにまた、「文化的法則」として、歴史的諸形式の発生と消滅のいずれの場合にも規則正しい共通性のあることを主張しようと——とにかく、こうした主張は、いついかなる場合においても「人間は生成の法則にとらわれていて、頭がおかしくならないかぎり、それにさからうことができない」ということを意味しているのである。ところで、人間は諸々の神秘を聖化した結果、かれらに宿命を強いる星運から解放された。また、かれらはブラフマンへの供犠と、その祭式に関する知識のおかげで、業《ごう》の強制を脱して自由を得た。[*4]このいずれの例を見ても、救いは存在していたのである。ところが、諸神の混合の結果生じた偶像は、絶対に救いの信念を許そうとはしない。いや、人間が自由を想像することさえ、愚行と見做すのである。この偶像が人々に求めるのは、ただ、はっきりと定まった気持ちで奴隷となるか、それとも絶望的な反抗の気持ちで奴隷となるか、いずれか一つを選べということにすぎない。だから、上述したようなすべての「法則」に、「目的論的発展」とか、「有機的発達」とか、その他どのような有難そうな名前を附けようとも、その根柢には、事物の必然性――つまり際限のない因果――という固定観念が存在しているだけなのである。「事物は次第に進化してゆく」という教えは、〈それ〉にたいする人間の屈服を意味している。人間はこの屈服を「運命」という名でごまかしているが、それは間違いである。なぜなら、運命とは、人間の世界をすき間なくおおうた天蓋のようなものではないからである。運命は、自由な行動をするもののほか、なんぴとも出会うことができぬものなのである。

「事物は必然的に継起する」という教えは、人間の自由をすこしも認めない。またこの教えは、この世の表面を一変させる自由のもっとも真なる啓示――すなわち逆転――を実現する余地をまったくのこさない。さらに「必然性」の教えは、逆転によって普遍的闘争に打ち克ち、ものの利用にささげられた本能の網をズタズタにひきさき、階級的圧力から自己を解放し、歴史の古ぼけた機構を動かしてそれに活をいれ、歴史のかたちを一変させてしまうひとを認めない。いや、この教えは、将棋をする人々が遊技の規則をおとなしくまもるか、それとも遊技をやめて将棋盤から離れるか、二つに一つを選択させるだけなのである。これに反して、逆転を敢行するひとは、将棋盤をひっくりかえし、駒をめちゃめちゃにしてしまう。なるほど「必然性」の教えは、人々が一面においてこの世のさだめに従いながら、他面においては「心の自由をとどめることができる」と主張する。しかし、逆転を敢行するひとは、こうしたにせの自由こそ、隷属のうちでももっとも屈辱的なものだということを知っている。

われわれにとってもっとも致命的なのは、宿命を信ずることである。なぜなら、この信念こそ、逆転を敢行する人々を圧迫してしまうからである。

宿命への信念は、はじめから誤っている。「事物は必然的に流れてゆく」と考えることは、まったく「何々となってしまったもの」——つまり孤立し客観化してしまったもの——を、いかにもこれが歴史だといわんばかりにならべ立てることにすぎない。ところが、〈なんじ〉の存在、あるいは〈なんじ〉との関係から生じた生成は、こんなこととはまったく無関係なのである。宿命への信念は精神の実存を知らず、宿命の構造は精神には妥当しない。〈それ〉客観にもとづいてなされた予言は、現存を知らない人々にあてはまるにすぎない。そこにかなの世界に従属した人々は、たとえ事物の動きが一見いかに乱雑に見えようとも、らず「必然性」という真理のあることを認めざるを得ないであろう。そして、かれらはこの真理によって、いよいよ〈それ〉の世界の奴隷となってしまうのである。これに反して、〈なんじ〉の世界は閉ざされた世界ではない。それ故、集中した精神を以て〈なんじ〉の世界に到達しようとするものは、やがて自由を意識するであろう。けだし、「自由はこの世になし」という信念をなげすてることこそ、自由を約束されたものの踏み出す第一歩なのだから。

＊

もしもわれわれが悪夢に打ち勝とうとするなら、その実名を呼ぶにしくはない。それと同じように、一瞬前まで人間を不気味に押し潰していた〈それ〉の世界も、その正体を知れば、逆に向うから頭を下げてくる。では、〈それ〉の世界の正体とはなにか。それは、われわれのかたわらを流れるとき、地上のすべてのものを〈なんじ〉としてしまうゆたかさをそなえた根源——われわれには偉大であり、ときには恐ろしいとさえ思われるが、しかしいつも母のように慈愛のこもったもの——をわれわれから遠ざけ、それとわれわれとを無関係にしてしまうことなのである。

——しかし、心の奥底にうずくまっている幻のような自我にとらわれたひとは、どうしても悪魔を実名で呼ぶことができない。〈なんじ〉とまじわる能力を失った人間は、活潑な幽霊が〈それ〉の世界を絶え間なく踏み歩いているとき、その幽霊をおしのけて、〈それ〉を〈なんじ〉にもどすことができない。ズタズタに切断された自我によって、うつろな闘技場にたえず追い廻されているひとは、心を一つに集中することができない。気儘な我意を通して生きている人間には到底自由を意識することができないのである。

――自由と運命とが一対になっているように、気儘な我意と宿命とは別の一対をなしている。自由と運命とはお互いにかたく言いかわした仲であって、両者は結び合って人生の意味を形づくっている。これに反して、我意という魂の幻と、宿命というこの世の夢魔とは、たがいに組しながら、しかも互いに避け合い、触れあうことも結びつくこともなく、無意味のうちに共存している。そして、そのうちにどちらか一方が相手の視線に気づいてこちらへ視線をかえすと、思わずどぎまぎして、ああ、自分たちには救いがないのか!と歎息するのである。しかし、それにしても、宿命と我意とは、この現実からのがれんがために、あるいはすくなくともこの現実を糊塗せんがために、なんと巧妙な知慧と雄弁とを用いていることだろうか。

真の自由人とは、我意の命ずるところによらずして、ものを意志し得るひとをさしていう。自由人は現実を信ずる。すなわち、〈われ〉と〈なんじ〉という二つの実存の真の結合を信ずる。また、自由人は運命を信じ、また運命がかれを必要としていることを信ずる。運命は自由人を束縛しはしない。いや、運命はかれがやってくるのを待っている。だから、かれは運命のもとまで赴かなければならない。もちろん、自由人は、運命がどこでかれを待ってくれているのか知らない。しかし、とにかくかれは、全力をあげて運命を求めなければならないということを知っている。それは、かれの思い通りにゆかないかもしれない。しかしかれは、自分が欲することのできるものを欲したとき、はじめて運命と出会うことができるのを知っている。かれは物的なもの、あるいは本能的なものの支配を受けている、不自由で、無価値な意志を放棄しなければならない。そして必然的行為から離れて運命的行為に向う、大きな意志に就かなければならないことを知っている。

こうした境地に達すれば、ひとはもはやなにものにも干渉しないが、また同時に、事物がたんに生起することを黙許もしない。かれは自分を通して実現してゆくもの――つまり、世界のうちにひそむ存在の行く手――をじっと見つめる。それは、かれがこうした存在によって自己を維持するためではなく、それが欲する通りのことを自分の精神、行為、および生死を通じて実現してやるためなのである。わたしはさきに「自由人は運命を信ずる」といった。しかし、それは実は、「自由人は出会いに身をささげる」ということにほかならないのである。

自我の強いひとは自分以外のものを信じようとしない。だから、このようなひとは出会いに適していない。かれらには、〈なんじ〉と関係するとはどんなことか、まるで見当もつかない。かれらが知っているのは、外部の熱狂的世界と、それを利用しようとしている自分のはげしい欲望と――ただそれだけなのである。ものを利用するひとは、その力に古風な名前をつけさえすれば、それで簡単に神々の仲間入りができるのである。たとえば、このような人々が「〈なんじ〉よ」といえば、それは「おお、ものを利用することのできるわが力よ」ということだし、また、かれらが「自分の運命」といえば、その力を立派にかざり立てて、これを自画自讃することにすぎないのである。しかし、かれらがそれをいかに「自分の運命」だといっても、実際は、運命など存在しない。なぜなら、かれらはただ、事物や本能によって決定される存在にすぎないからである。ところが、かれらは、事物や本能に従属すると、かえって、自分がそれらから独立したような気持ちをいだく。これがまさに我意なのである。われわれはこうした人々のうちに、壮大な「意志」を見出すことができない。認められるのは、我意ばかりである。それなのに、かれらはこれを真の意志のように見せかける。そして、得てして犠牲を口にする。しかし、かれらが犠牲的行為をすることなど絶対にない。このような人間は、日頃広言する事柄がなに一つ実現されないから、すぐに馬脚をあらわしてしまう。かれらは何事によらず口を出さないではいられない。それは「自分でなにかことを起そう」とするからである。「おれが運命にちょっとぐらい手を貸してやったっていいじゃないか。自分の目的に必要な手段があれば、それを利用したってなにも悪いことはあるまい」とかれらはいう。かれらは自由人をさえ、このような見方で眺める。いや、それ以外には眺めることができないのである。ところが、事実において、自由人には目的もなく、また目的を実現する手段もない。かれの胸中には、ただ一事が宿っているのみである。それは、自分の運命に近づこうという決意である。自由人はつねにこうした決意をし、また人生の岐路に立つごとに、この決意をあらたにするのである。自由人は、自分の決意が不十分なため、手段の助けを借りなければならないなら、死んだ方がましだと信じている。だから、かれは〈なんじ〉と「出会う」のである。

これに反して、我意が深く、骨の髄まで不信の念で満ちているひとは、不信と我意のほかなにものも認めない。かれらはひたすら目的を立て、手段を工夫するのみである。そこには犠牲もなければ聖寵もない。出会いもなければ現存もない。あるのはただ、目的と手段の錯雑し合った世界ばかりである。これがまさにかれらの世界であって、この世界の名がすなわち「宿命」なのである。かくて、かれらはいかにも現実の世界を支配しているように見せかけながら、しかも完全に非現実の泥沼におちこんでしまっているのである。もちろん、かれらといえども、自分自身に深く考えを及ぼすならば、この事実に気附かない筈はない。いや、それだからかえって、かれらはこのような考えを蔽いかくそうとして、自分の精神のもっともすぐれた要素を利用しにかかるわけなのである。

しかし、もしもわれわれがこのような行為を自己にたいする背信と認めるなら――また、現存的性格を失った〈われ〉と真の〈われ〉との間に大きな相違のあることを知るなら――さらにまた、もしもわれわれが絶望と呼ぶ営養に富んだ腐植土――死んだ自分を復活させてくれる腐植土――に自分自身を埋めて、そこに根をはるならば、それこそ逆転の萌芽がそこから生じることとなるであろう。

*

シャタパタ・ブラーフマナに曰く。かつて神々と阿修羅とが言い争ったことがあった。「いずれの神にか祭供もて、われらは仕えまつるべき」と阿修羅はいった。そして、かれらはそのささげものをみな自分の口の中に入れてしまった。それと反対に、神々はささげものをお互いの口に入れ合った。これを見て、造物主プラジャーパティは神々と組することをえらんだ、と。[*5]

*

ひとはこう訊ねるかもしれない。「〈それ〉の世界は、もしそのままに放棄されるならば、――つまり〈なんじ〉と出会って消滅しないならば、――奇怪な夢魔となる、という話は、まあ分ったこととしよう。しかしだ。君のいうように、人間における〈われ〉が現実性を失うというようなことは、一体どうして起るのか。われわれは、〈なんじ〉や〈それ〉と関係して生活しようとしまいと、とにかく自意識によって、〈われ〉なる存在の保証を得ているのではないか。自意識とはいわば強い金糸のようなもので、この上に多彩な環境の模様が織りなされてゆくのである。なるほど「わたしにはあなたが見える」という場合と「わたしには木が見える」という場合とを考えてみると、双方の場合とも「見ること」は同じように現実的だとはいえない。しかし見る〈われ〉は、いずれの場合においても、まったく同じ現実性を有しているといえるだろう」——

——いま、このひとの言葉が真実かどうか、ためしてみよう。そのためにいっておかなければならないことは、言葉のかたちだけでは何事も証明とはならないということである。たとえば、〈なんじ〉が幾度となく繰返して語られると、その〈なんじ〉は根本的には〈それ〉を表わして、ただ習慣上ないし鈍感のために〈なんじ〉と呼ばれるにすぎなくなり、また、それとは逆に、〈それ〉が幾度となく繰返して語られると、〈それ〉は根本的には〈なんじ〉となって、かつて現存していた時分の遠い昔の記憶が、心の奥底からよみがえってくるようになる。同じことは〈われ〉についてもいえるであろう。〈われ〉が幾度となく語られると、〈われ〉は〈それ〉の代名詞となり、「ここにこうしてしゃべっている人」という長い言葉の略語の役をするようになる。そういうと、「でも君、自意識というものがあるじゃないか」とさっそく反問されるだろう。しかし、もしもある文章中で、〈なんじ〉が真に関係を意味し、〈それ〉が真に経験を意味しているとしたならば——言いかえると、そのいずれの場合においても、〈われ〉が真の意味をあらわしているならば——そのときはたして、その〈なんじ〉と〈それ〉は、同じ〈われ〉の自意識から語られているといえるだろうか。

いや、根源語〈われ〉—〈なんじ〉における〈われ〉は、根源語〈われ〉—〈それ〉における〈われ〉とはまったく違った〈われ〉なのである。

根源語〈われ〉—〈それ〉における〈われ〉は孤立した個としてその姿をあらわし、(ものを経験し利用する)主観として自己を意識する。

根源語〈われ〉—〈なんじ〉における〈われ〉は、人格《ペルソナ》としてその姿をあらわし、(「何々の」という属格なしで)主体として自己を意識する。

個は、他の孤立した個と自己を区別し、その相違によってわずかにその姿をあらわす。

人格《ペルソナ》は、他の人格とのまじわりによってその姿をあらわす。

前者は自然的分離を示す精神的な形式であり、後者は自然的結合を示す精神的な形式である。

では、個はなぜ他から分離するか。それは、個がものを体験し、かつそれを利用しようとするためである。それならば、個はなぜものを体験し、利用するのか。それは、個が「生きんがため」いや、逆説的にいえば「人間にあたえられた一生涯を死なんがため」である。関係の目的は、関係すること自体、すなわち〈なんじ〉とまじわることにある。なぜなら、われわれは、〈なんじ〉がいかなるものよりなりたっていようと、とにかく〈なんじ〉とまじわることによって、〈なんじ〉の息を——つまり永遠の生命を——感じるからである。〈なんじ〉と関係をむすぶものは、〈なんじ〉と「現実」をともにするものである。たんに自分のうちにはなく、さりとて、自分のそとにもない「現実」を〈なんじ〉とともにわかつのである。まことに現実とは、自分だけで所有することができないもの——かならずだれかとともにわかち合わなければならないもの——を指している。なんであれ、相ともにわかち持たないところには、「現実」は見出せない。自分ひとりでものを所有するところに、現実は成立しない。その反対に、〈なんじ〉とのまじわりが、直接的になればなるほど、〈われ〉と〈なんじ〉がわかち持つ現実は、いよいよゆたかになってゆくのである。〈われ〉は、〈なんじ〉と現実をわかち持つことによってはじめて現存的となる。〈われ〉が〈なんじ〉と多くのものをわかち合えば、それだけ〈われ〉は現存的となる。

しかしながら、よしんば〈われ〉が〈なんじ〉とのまじわりをやめ、分離の意識をいだき、孤立するようになっても、〈われ〉は現存性を失いはしない。〈われ〉が以前に〈なんじ〉とわかち合った現実は、〈われ〉が孤独な存在をいとなんでも死に絶えはしない。「神の種そのうちにあり」[*6]とは、絶対者との関係について、また、その他のあらゆる関係についていわれてきたことだが、それとまったく同じように、まじわりの種は〈われ〉のうちに存在しているのである。この種こそ、〈われ〉が〈なんじ〉との結合と分離とを単独者として意識する主体性の領域である。もしもわれわれが純粋な主体を理解しようとするならば、このように、主体を動的に——ということはつまり、孤独の真理の枠内における自分の振動として——理解しなければならない。まことに、主体は動的なるが故に、より高く、より無条件な関係を求めようとする欲望——あるいは真の実在者と全体的にまじわろうとする欲望——を生み出し、またそれを高めてゆくのである。人格の精神的実体は、この主体の領域に宿ってはじめて成熟してゆく。

このように、人格は真の実在者とともにあることを意識する。また他の存在とともにあることを意識する。それ故にまた、存在そのものとして自己を意識する。これに反して、個は、しかじかなるものとして自己を意識するにすぎない。人格は、「われあり」といい、個は、「われはしかじかなり」という。人格にとって「なんじ自身を知れ」とは、「なんじが現存することを知れ」ということであり、個にとっては、「なんじの特殊な存在の仕方を知れ」ということである。個が、他の個から自己を区別すればするほど、真の実在者からいよいよ遠く離れていってしまうのである。

もちろん、人格とてその特殊性を「放棄し」、自分が他とちがっている事実をことさらに無視するわけではない。ただ、人格においては、特殊性は、人格が自己を観察する拠りどころとはならず、たかだか人格についての必要にしてかつ意義深い観念を形づくるにすぎない。これに反して、個は、それが特殊な存在であることをもって喜びとする。いや、個は自分から特殊な存在であると想像して喜ぶといった方が正しいかもしれない。なぜなら、個が「自己を知る」とは、「正しいような見せかけをしながら、しかもその実ますます自分を欺く自我をつくり出すこと、また、このいんちきな自我を尊敬の念を以て眺めながら、「われ存在す」という迷いを得ること」だからである。もしも個が自己の存在について真の認識を得たならば、それは自滅するか、それとも人格に復帰するかのいずれかであろう。

　人格は〈われ〉そのものを眺め、個は、「わが何々」とかかわり合う。たとえば、「わが種類」「わが民族」「わが創造物」「わが天分」のように……。

　個は、いかなる現実にも参与しない。また、いかなる現実をも所有しない。個はもっぱら他者との相違によって自己を限定し、また他者をできるだけ体験と利用の対象にしようと努める。つまり、外部の〈それ〉からできるだけ自分を離すと同時に、〈それ〉を完全に自分のものとしようとする。これが個に特有な働き《ディナミスムス》なのである。しかもこの二重の働きは、現実性のまったく存在しない世界においておこなわれる。主観は――それは自分で主観と考えているだけのことなのだが――たとえいかに多くのものを利用しようと、それによって実体となることはできない。主観は、依然として、体験し利用する機能にすぎない。個は、存在するものをいかに広汎に、複雑に限定しようと、また、いかに熱心に個の特殊性を浮き彫りにしようと、それによって実体となることはできないのである。

　人間に二種類あるのではない。ふたつの極があるのみなのである。なんぴとも、純粋の人格とはなり得ないし、なんぴとも純粋の個とはなり得ない。まったく現実的なひとも、まったく非現実的なひとも、ともにこの世にはいないのである。すべては、現実的な〈われ〉と非現実的な〈われ〉という二重の〈われ〉のうちに生きている。ただ、ひとによって人格的傾向が優勢なため、人格的存在と呼ばれたり、また個的傾向が強いために個と呼ばれたりするのにすぎない。こうして、真の歴史は、人格《ペルソナ》と個の両極間にひろがる場において決定される。

人間が——あるいは人間性が——個によって支配されればされるほど、〈われ〉はそれだけ非現実の淵に深く沈んでゆく。このような場合には、人間——あるいは人間性——のうちにひそむ人格《ペルソナ》は、ときを得て復活するまで、かくれた、地下的な存在をつづけるのである。

＊

さて、上述したことは、次のようにも言い換えることができるであろう。〈われ〉には二重の性質があり、根源語、〈われ〉－〈なんじ〉の〈われ〉が〈われ〉－〈それ〉の〈われ〉よりいっそう力の強い場合には、そのひとは、それだけ人格的となる、と。

ひとが「われ」というとき、その言い方によって——つまり、その意味のしかたによって——そのひとがいずれの〈われ〉に属し、またそのひとの行く手がいずこにあるかが決定される。このように、〈われ〉という言葉は、人間の性質をきめる真の試し言葉である。だから、〈われ〉なる言葉をよく注意して聞かなければならない！

個の語る〈われ〉は、そのときどきでなんと違ったひびきを伝えることであろうか。それは、内面の矛盾をかくそうとする悲劇に押しふさがれた悲惨な唇からわずかに洩れるときには、われわれの心にはげしい同情の念を惹き起す。しかし同じ〈われ〉が、この矛盾を無頓着に、乱暴に、そしておろかに語るひとの唇から洩れるときには、われわれに恐怖の念をまき起す。さらにまた、もしもそれが偽善者の唇からベラベラとむなしく流れ出るときには、われわれの心を痛ませ、嫌悪の情を生み出すに十分であろう。

孤立した〈われ〉を特に強調して語るひとは、普遍的精神がにせの精神へ堕落したその恥辱を、みずからさらけ出すものである。

これにくらべると、ソクラテスの語るいきいきとした〈われ〉は、いかに心地よく人の耳をうつことであろうか。それは、無限につづく〈われ〉－〈なんじ〉の対話における〈われ〉であり、その対話の息吹きは、ソクラテスの生涯を通じ、裁判官のまえにおいても、獄屋で最期をむかえるときにおいても、つねにかれのまわりに漂っていた。この〈われ〉は、〈なんじ〉との関係をまざまざと示すような対話に絶えず生きていた。そしてこの〈われ〉は、一瞬たりとも「現存する人間」にたいする信念を失ったことがなかった。いや、それはつねに〈なんじ〉と出会うことを求め、人々とともに現実の真只中に生きることを願った。現実も、この〈われ〉を見捨てようとはしなかった。もちろん、ソクラテスでさえ恐ろしい孤独を感じたときがなかったわけではない。しかし、それはかれが〈なんじ〉によって見捨てられたためではなかった。たとえ人間の世界がかれを見捨て、かれに向って黙して語らなかったときでさえ、かれはダイモニオン[*7]が〈なんじ〉と呼びかけてくれるのをきくことができたのである。

ゲーテの語るゆたかな〈われ〉も、いかに正しくまた麗しく、われわれの耳をうつことであろうか。ゲーテの〈われ〉は自然と純粋なまじわりを結ぶ〈われ〉であった。自然は、ゲーテの〈われ〉にすべてをゆだね、その〈われ〉と絶えず対話をしつづけた。そして、その秘義を荒々しく暴露することなく、しかもそのさまざまな秘密を次第にあきらかにして見せた。ゲーテの〈われ〉は自然を信じた。そして、一本の薔薇に向っていった。「さればなんじはそれなり」と。[*8] すると、〈われ〉は薔薇とまったく同じ現実のうちに帰一したのであった。こういうわけで、ゲーテの〈われ〉が自己を反省するとき、そこには現実の精神が宿り、太陽は、その光を考える祝福された眼に映り、また諸元素の調和はゲーテとともに死と生成の静けさにまで達したのであった。

これこそ、ソクラテスやゲーテのように、真に〈なんじ〉と関係を結んだ人々が「われ」といったときの「十分で、真実で、清純な」昔ながらのひびきといえよう。

さらにまた、〈われ〉－〈なんじ〉の絶対的関係の領域から一つの実例を求めるなら、イエスを見るがよい。イエスの〈われ〉はいかに力強く、いかに正しく、またいかにはっきりとしたものであったろうか。イエスの〈われ〉は、〈なんじ〉を「聖父」と呼ぶ場合、かならず自分が「聖子」となり、それ以外のものとはならないような、絶対的関係におかれた〈われ〉であった。まことに、イエスが〈われ〉というとき、その〈われ〉は、絶対的存在にまでたかめられた、神聖な根源語の〈われ〉であった。たとえ、孤独の悲哀がイエスの心をおそおうとも、聖父との結びつきは、それよりさらに一段と強かったのである。イエスはつねに、この強い結びつきから人々に向って語りかけた。われわれは、このようなイエスの〈われ〉を、その相手にまではとどかず、自分自身にだけはたらきかける力と見做し、あるいは、イエスの〈なんじ〉を、かれのうちに存在する幻と考えて、現実から現存的関係をとりのぞいてしまおうとしても、それは無益である。なぜなら、〈われ〉と〈なんじ〉は、永遠に存在するからである。だれが〈なんじ〉と呼びかけても、その背後にはかならず〈われ〉が存在する。また、だれが「父よ」といっても、そこにはかならず子が存在する。こうして現実は永遠に生きつづけるのである。

*

しかしながら、もしもひとが自分と自分の使命との関係以外なにものも知る必要がなくなったならば――換言すると、もはや〈なんじ〉との真の関係や〈なんじ〉の現存を認める必要がなく、ただ自分の使命に役立つように万事を〈それ〉としてしまったならば――どうだろうか。たとえば、ナポレオンのいう〈われ〉とはどのようなものであったろうか。ナポレオンの〈われ〉もまた、正しいものではなかったろうか。この英雄のように、体験と利用の二作用の化身といわれた存在にしてもまた、人格的とはいえなかったろうか。

あきらかに、この不世出の英雄は、〈なんじ〉の偉大さを知らなかった。この事実は「自分にとって、すべての存在は価値 Valore だ」という言葉のうちにいみじくも言い尽されている。ナポレオンは、かれの没落後、かれを否んだ人々を、イエスを否んだペトロの背信になぞらえて語った。[*9] しかし、そのナポレオンには、否むことのできるものが一人としていなかった。なぜなら、かれはかつて一人として人間を人格的存在と認めたことがなかったからである。数百万のヨーロッパ人にとって、ナポレオンは応答しない悪魔的な〈なんじ〉であった。なぜならば、かれは〈なんじ〉にたいし〈それ〉を以て答えたからである。純粋に人格的領域のなかで答えず、自分の領域で——自分の使命の領域で——また自分だけの行為によって——答えたからである。このように、なんぴとをも〈なんじ〉と認めることのできぬ悪魔的な〈なんじ〉こそ、歴史の根本的な限界であった。この限界では、関係の根源語はその現実性を——つまり互いに働きかけるという特質を——喪失した。こうして、人格と個のほかに（その間にではない）——換言すれば自由な人間と利己的な人間とのほかに——「第三の男」が運命をはらんで、運命の時代に聳《そび》え立ったのである。すべてのものは、この第三の男のために燃えた。しかし、その当人は冷たい火を燃やしたにすぎなかった。国民はかれに向って無数の懸橋をかけた。しかし、この男はかれらに向ってなんの橋もかけなかった。この男はいかなる現実にも加わらなかった。それにもかかわらず、すべての人々にとっては、この男はまさに一箇の現実であった。人々はかれの現実のうちに限りなく加わったのであった。

ナポレオンは、自分を取巻く人々を、たんなる機械としか見なかった。かれはこれらの人々を、自分のために利用すればそれでよかったのである。いや、この男は、他人と同様、自分をも機械として眺めた。ただ違うのは、この男は自分の力の限界を体験したことがなかったから、その能力を実験によって絶えずあらたにたしかめなければならなかった、ということである。この男は自分自身をもまた、〈それ〉として取扱ったのであった。

だからこの男が〈われ〉といっても、それはけっして〈なんじ〉によって充実し、かつ溌溂とした〈われ〉ではなかった。ましてその〈われ〉は（近代における個人主義者のように）いかにも充実しているように見せかけた〈われ〉でさえなかった。つまりこの男は、「自分のこと」を語ろうとしたのではなく、「自分を出発点として」語ったにすぎなかった。かれが口で言い、またものに書いた〈われ〉は、自分の決意や命令をあらわす文章に必要な、文法上の主語の役目をするだけであった。そこには、いかなる主体性もなく、また自分という存在に関心をいだく自己意識もなかった。いわんや、他人に自分をみせかけようとする迷いもなかった。それ故この男は、自分の使命に見捨てられてやっと自分のことを考え、語り、また自分の存在――つまり、はじめてあらわにされたかれの〈われ〉――を思うことができたとき、「わたしは時計だ。わたしは存在する。けれども自分自身を意識しない」と述懐せざるを得なかった。この言葉こそまさに、「自分の存在は確実だが、その〈われ〉は非現実的だ」というこの男の宿命的なあり方をはっきり言い表わしているのである。

この〈われ〉は、けっしてたんなる主観ではなかった。同時にそれは主体に達しようとする〈われ〉でもなかった。この〈われ〉は、この男にあたえられた使命から解放されはしたが、そこから救い出されたわけではなかった。だからこの男は「すべてのものはわれを見まもる」という、正しいとも正しくないともいえるような恐ろしい言葉によって、自分自身を言いあらわすよりほかはなかった。そして、そのうち、この男の〈われ〉は神秘のうちにとざされてしまったのである。

われわれは、ナポレオンがこのような生涯を送って最後に失敗したのは、「かれが自分の恐ろしい使命を誤解したからだ」とか「いや、理解していながら、しかも失敗したのだ」とかいうことはできない。なるほど、ナポレオンと同時代の人々が、ナポレオンのようなあらゆる〈なんじ〉との関係を断ち切った、悪魔的人物を支配者とあがめたのは、この男を誤解したためといえよう。事実、かれらは、ナポレオンの生涯を支配した力が、権力欲ではなく、まさにかれに託された使命への義務感であったということを知らなかった。かれらは、この独裁者の傲慢な顔つきに感激したけれども、時計の文字板のようにひたいに刻みこまれたしるしを読みとろうとはしなかった。かれらは、独裁者が人民を見る見方を一生懸命に真似たけれども、独裁者がなぜそのような見方をしなければならないのか、その理由を理解しなかった。さらにまたかれらは、この男の〈われ〉の仮借ないきびしさを、自己意識の興奮と混同してしまった。もちろん、〈われ〉なる言葉は、依然として人間の合言葉として存在するであろう。〈われ〉—〈なんじ〉の関係に入る能力を持たなかったナポレオンですら〈われ〉と語ったのである。しかし、この場合、ナポレオンが語った〈われ〉は、〈なんじ〉なくして完全な行為をおこなう〈われ〉であった。もしもなんぴとかナポレオンを真似てこのような〈われ〉を語るものがあるとするならば、それこそ自己の内面的矛盾を暴露するものにほかならない。

＊

——内面的矛盾とはなにか。

——もしも、ひとが現実の世界において、関係のアプリオリを示そうとしないならば——もしもひとが、自分に出会うものにもとづいて生得の〈なんじ〉を実現しないならば——〈なんじ〉は、かれの心のうちに内攻してゆく。それは不自然な、あり得ざる対象へと発展してゆく。つまり、それは、もはや発展してゆく余地のないところに発展してゆくのである。その結果、それは自分の内部で、自分自身と対面することになる。しかし、これは真の意味での関係でもなければ、現存でもない。さらにまた相互のゆたかなまじわりでもない。いや、これこそまさに自己の内面的矛盾というべきものなのである。ひとはこうした自分の内部の二重の亡霊の恐しさから逃れようとして、これを「宗教的関係」と称する。しかし、このようなひとは、その説明がうそであることを繰り返し思い知らされるであろう。かれらは、実際に成就していないるように思いこんでいるのである。かれらは生活の周辺にたたずんでいる。実際に成就していない生活を、成就していない生活が、成就したような、見せかけの世界に逃げこんでいる。こうしてかれらはますます迷路の奥深く手さぐりで進んでゆかざるを得ないのである。

＊

ひとはしばしば、〈われ〉と世界とのくい違いを知って身ぶるいし、これはどうにかしなければいけないと考える。たとえば、真夜中、恐しい夢魔になやまされながら横たわっているとき、われわれは自分を守ってくれる堡塁《ほうるい》が崩れ落ち、深淵がかっと口を開いているように感じる。しかし、こんなときでも、われわれは「その苦悩の底に生命がひそみ、自分もその生命に立ち戻ることができる」という意識を持つことができるのである。しかし、そうなるにはどうしたらよいか。どうしたら……。われわれはこのようなとき、とつおいつ思案にくれる。そしてそのうちに、われわれは自分を犠牲にすれば、逆転に通じる真の道のあることを、心の暗い奥底において知るのである。しかし、それにもかかわらず、われわれはこの事実を無視してしまう。第一、心の内部の「神秘的な幻」は、電気の光にはとうてい耐えられないのである。そのため、われわれは、このような考えをすて、日常生活で非常に信頼を寄せている思想に援助を求める。すると思想はわれわれに、精神的危機はどこにも存在せず、万事はうまく運んでいるという安易な気持ちを起させてくれるのである。実際、思想はこの世が頼りになり、それを信頼しても大丈夫だという絵空事を描いてくれる。これこそ、思想の高等技術なのである。われわれは、こうした思想にむかっていう。

「わしの目の前には、残酷な目つきをした怪物が長々と横たわっている。――こやつはかつてわしの遊び友達じゃった。知っての通り、こやつは昔、この目でわしのことを見て笑ったものだ。その時分、その目つきには善意がこもっていた。ところが、この惨めなわしは、正直にいうと、いまは空っぽだ。わしはものを体験し、利用するようになったおかげで、世界から自分になにをつぎこんでも、その空虚《むなしさ》は充たされん。まことに相すまんが、お前は世界とこのわしの間に立って、わしたちをもとの仲に戻してはくれんじゃろうか。そやつがやすらかに横たわり、またわしが生き返ることができるようにしてはくれんじゃろうか」。

従順で、しかも利口な思想は、これを聞いて、待ってましたとばかりものすごいスピードで、一列――いや二列の画を左右の壁に描く。その一方には宇宙がある（いや、あるというより、むしろ宇宙が展開されるといった方が正しいだろう。なぜならば、思想が描き出す世界像は、信用のおける映画のようなものだから）。この宇宙のなかで、ぐるぐると廻っている星から小さな地球が飛び出す。その地球上には生物がうようよと群がり、今度はそこからちっぽけな人間が飛び出す。歴史はその人間どもを何代も何代も先まで運んでゆく。そして、歴史がその足でめちゃめちゃに押し潰した文化の蟻塚をかれらに造り直させる。こうした一列の画の下には、「どれもこれも皆ことごとく」という言葉が書かれている。つぎに、別の壁には、一列の画に魂の誕生が描かれている。一人の紡ぎ女が、すべての星の軌道と、すべての被造物の生命と、さらに宇宙の歴史とを織っている。彼女は一本の糸によってこれらすべてのものを織りなしてゆく。だから、そこにはもはや、星も被造物も宇宙もなくなり、あるものはただ、個人の感覚と表象と体験、あるいは魂の状態だけになってしまう。そして、これらの画の列の下にも「どれもこれも皆ことごとく」という言葉が書かれている。

さて、思想がこうした二種類の画を描いてくれてからというもの、われわれは、〈われ〉と世界とのくい違いにおそれおののくとき、あるいは世界がわれわれの心に恐怖をひき起したときには、ただちに右手なり左手なり、自分の好きな方の画の列を眺めることとなった。そしてわれわれは一方の画からは、自分が世界の中に埋められてしまったため、〈われ〉なるものの存在が消滅し、したがって世界はもはや〈われ〉をどうすることもできないということを知って、安堵の息を洩らす。あるいは、われわれは別の画から、世界が〈われ〉のうちに宿るがゆえに、世界は実は存在せず、従って世界は〈われ〉をどうすることもできないことを知って、これまた安心するのである。このようにして、われわれは〈われ〉と世界のくい違いに身震いしたり、世界が自分の心のうちに恐怖をひき起すときには、いつでもただちにこれらの画を眺めるのである。この場合、どちらの列の画を見ようと、そんなことは問題ではない。なぜなら、そのときには、空虚《うつろ》になっている〈われ〉は世界によって完全に充たされているか、それとも世界の流れによって完全に押し流されているからである。そうなったときはじめて、われわれの気持ちは安らぐのである。

しかし、いつの日か、われわれが現実におそれおののきつつ、双方の画の列を一瞬同時に眺めるときが来るであろう。いや、その日の来るのは間近い。そして、そのときこそ、今までにないあたらしい戦慄が、われわれの全身をとらえるのである。

訳　注

＊1　ゴレムのこと。ゴレムはユダヤ人の伝説に出てくる土人形で、この人形は敵の攻撃を破壊するためあるラビによってつくられた。ゴレムは霊魂を持たない怪物で、その前にあるものを「破壊するか」、それによって「破壊されるか」いずれかの運命しかあたえられていない。

＊2　「神の霊が水のおもてをおおう」創世記一の二参照。

＊3　ディケー　ギリシャ神話で季節の女神ホライの一人。他はエウノミア（秩序）およびエイレネ（平和）。

＊4　古代インドの宗教思想で神秘的な梵天にたいする祭式の実施方法を規定し、讃歌、祭詞の意義、目的を解釈し、祭祀の起源、秘義をあきらかにすることによって、呪力的な力を慈悲の力にかえたことをさす。ヴェーダ本集に附随する文献ブラーフマナがその典型。

＊5　シャタパタ・ブラーフマナ　前掲＊4に説いたブラーフマナのうちの一つ。シャタは「百」、パタは「道」の意。

＊6　「神の種そのうちにあり」ヨハネ第一書三の九参照。

＊7　ソクラテスにだけきこえる神的な声。ソクラテスが思慮をもってしても行為の善悪を決しがたいとき、ダイモニオンは反道徳的行為にたいする禁止の声を発してソクラテスに警戒をあたえた。ソクラテスは、神がダイモニオンを通じて神に奉仕するものを悪より遠ざけてくれると信じていた。

＊8　「さればなんじはそれなり」原語は Du bist es also, bist kein bloßer Schein. In dir trifft Schaun und Glauben überein.（Chines. deutsche J. u. T. zeiten〔Johann Wolfgang von Goethe, Chinesisch-deutsche Jahres- und Tageszeiten, 1827〕X）

＊9　イエスが就縛する直前、その弟子ペトロに向い、今日鶏が鳴かないうちにお前は三度わたしを知らないと否むだろうと預言し、その預言が成就したことをさす。ルカ二二章参照。

第三篇　永遠の〈なんじ〉

〈われ〉と〈なんじ〉の関係を無限に延長すれば、〈われ〉は永遠の〈なんじ〉と出会う。

あらゆる個々の〈なんじ〉は、永遠の〈なんじ〉を垣間見させる窓ともいえよう。こうした個々の〈なんじ〉を通じて、〈われ〉は永遠の〈なんじ〉に呼びかける。〈われ〉と永遠の〈なんじ〉の関係は、個々の存在者にふくまれた〈なんじ〉の仲立ちによって実現する（もっとも実現しないこともあるが……）。われわれの生得の〈なんじ〉は、各々の関係において実現される。しかし、たとえ生得の〈なんじ〉が〈われ〉とどのような関係を結ぼうとも、それは完全な〈なんじ〉とはなり得ない。つまり、〈われ〉－〈なんじ〉の関係は、〈われ〉が、絶対に〈それ〉とならない〈なんじ〉と直接結び附かないかぎり、完全には実現されないのである。

＊

人々はいままで、永遠の〈なんじ〉をさまざまの名前で呼んできた。また、かれらは、さまざまの神の名をうたいあげるとき、つねに永遠の〈なんじ〉を心に描いてきた。最初の神話は、いわば永遠の〈なんじ〉をほめたたえる讃歌であったといえよう。しかし、時がたつうちに、これらのさまざまな神の名は、〈それ〉へと転じた。人々は、次第に永遠の〈なんじ〉を〈それ〉と考え、また、〈それ〉と呼ぶようになった。しかし、それにもかかわらず、あらゆる神の御名は讃美されている。なぜなら、その名をとなえるとき、人々はたんに神について語るばかりでなく、神にむかって語りかけているからである。

　多くの人々は、神という言葉が非常に誤解を生みやすいので、特に正しく神の意味をあらわそうとするときには、それを使うまいとしてきた。実際、「神」は、あらゆる言葉のうちでも、もっとも意味の多い言葉である。しかし、それだけにまた、この言葉はあらゆる言葉のうちでもっとも永遠不滅であり、なくてはならぬものである。「神を呼ぶものはつねに心中に神を抱く」という唯一の真理にくらべるなら、神の存在とその働きについてどんな見当違いをしようと（そして、このことについては、人間は今まで一度だって正しい考えをもったことはなく、また、持ち得ないものなのだけれども）そんなことはまったく問題にはならない。なぜならば、口では「神」といっても、心のなかで〈なんじ〉を念じるひとは、たとえどんな幻影にとらわれようと、とにかくそのひとの生命なる真の〈なんじ〉に呼びかけていることに間違いないからである。この〈なんじ〉は、他の〈なんじ〉によって限定されるようなことはない。だからひとは、この〈なんじ〉にたいしては、他のすべてをふくんだまったく包括的な関係を結ぶことができるのである。

　しかし、これと同時に、神の御名を畏れるあまり、「神なし」と信ずるひとも、他の〈なんじ〉によって限定されない〈なんじ〉に自分のすべてをささげて呼びかけるならば――このひとも結局、神に向って呼びかけていることになるであろう。

*

たとえば、われわれが自分の道をたどってゆくうちに、向うから同じ道を歩んできたひとに出会うとする。この場合、われわれが知っているのは自分の道のことだけであって、出会った相手がどんな道を通ってきたか、そのことについてはなにも知らない。われわれはそのひとと出会ったときはじめて、かれの道を知るのである。

このように、〈われ〉－〈なんじ〉の完全な関係についてわれわれが実際生活の知識から知っていることは、ただ、われわれが〈なんじ〉と関係することを求めてきたこと、またそのためにわれわれはいままで自分の道を歩いてきたことだけである。先方が歩いてきた道については、われわれはなに一つ知らない。なぜならそれは、経験によって知るべきものではなく、まさに啓示によって知るべきもの——われわれが相手と出会ったときはじめてあきらかにされるべきものだからである。だが、それと反対に、もしもわれわれが、自分の相手は同じ道で出会うことなど絶対にないなどと語るならば、それもまた歪んだ考え方といわざるを得ない。

われわれが考えたり気にしたりしなければならないのは、相手が向うから進んでくる道ではなく、自分がこちらから進んでゆく道である。神の恩寵ではなく、自分の意志である。恩寵は、われわれがみずからそこに赴き、そこに居る間だけ、われわれとかかわりを持つであろう。しかし、恩寵は絶対にわれわれの客観的な対象とはなり得ないのである。

　われわれが、自分で体験した生活から、すなわち「われわれの生活」から、この道について知っていることは、道端に「待つこと」でも「来るものをなんでも喜んで受けいれること」でもない。

〈なんじ〉はわたしと対立している。しかし、もしわたしが〈なんじ〉とまじわりたければ、〈なんじ〉に向って自分から積極的に一歩を踏み出さなければならない。だから「まじわり」とは「選ばれること」と同時に「選ぶこと」を意味するのである。それはちょうど、全身全霊を傾けての積極的な「動」の行為が、あらゆる部分的な行為を停止し、したがって、個々に限定された行為についてのあらゆる感覚を麻痺させるため、かえってまったく受動的な「静」に感じられるのと同じである。

　このように、完全な「動」が完全な「静」に転じるのは、人間が全身全霊を傾けて行為するために生じるのであって、それは一名「無為」とも呼ばれる。このような能動的行為においては、もはや切れ切れな断片は存在せず、ひとはこの世のことを思いわずらわなくなる。活動するのは、かれの存在のすべてにみなぎる全体的人間である。つまり、ひとはいまや、そのすべてをあげて活動する全体的存在となったのである。このように、ひとが完全な動にしてしかも静なる境地に達したということは、神との出会いが可能になったということに等しい。

しかし、われわれがこうした境地に入る際、感覚的世界を夢か幻と考えて、これをすててしまってはならない。およそ、この世には、夢幻の世界というようなものは存在しない。あるのはただ、現実の世界だけである。それが現実と夢の二重の姿に見えるのは、まさに世界にたいするわれわれの態度が二重なためなのである。だから、われわれがこうした迷いから醒めるには、両者をへだてる障壁を破壊すればそれでよい。それ以上に、「感覚的経験を超越すること」などはまったく不必要である。なぜなら、あらゆる経験は、もっとも精神的といわれるものでさえ、われわれに〈それ〉をあたえるにすぎないからである。さらにまた、われわれはここに観念や価値の世界をひっぱり出す必要もない。なぜなら、観念も価値も、われわれにとって現存的とはならないからである。これらのものは、いずれもまったく不必要である。では本当に必要なものはなにか——しかも教えというような意味ではなく……。というのは、教えは、準備、練習、観想などと同様、いずれも人間精神がさまざまの時代にわたって工夫し、考案してきたものであって、そうしたものと、「出会い」という単純で根源的な事実とはまったく無関係だからである。われわれはさまざまな練習のおかげで、色々な知識や便宜を得ることができるが、それらはいま、われわれが問題としている「出会い」とはなんの関係もないのである。知識や便宜はすべて〈それ〉の世界に属し、また〈それ〉の世界から一歩たりとも——決定的な一歩たりとも——踏み出すことができない。〈われ〉—〈なんじ〉の関係は、ひとに教えこむことのできるものではない。いや、もしわれわれがこの関係を示そうと思うならば、一箇の円を描くより仕方がないであろう。この円は、〈なんじ〉と関係しないすべてのものを締め出してしまう。もしわれわれがこの円を描くならば、われわれの目には重大な事柄が映るであろう。それはすなわち、われわれがこの円のなかに現存するものを完全に入れこんだという一事である。

　このように現存を認めることは、ひとが断片的な存在のうちにさまよえばさまようほど困難となり、また、そこから逆転しようとする動きは非常に原始的なものとなる。しかし、よしんばわれわれが現存するものをことごとく受け入れたとしても、それはけっして神秘主義的な書物によく書いてあるように、自分を無にしてしまうことではない。いや、〈われ〉は、あらゆる関係におけると同様、永遠の〈なんじ〉とのすぐれた関係においてもまた、なくてならないものなのである。結局、放棄しなければならないのは、〈われ〉ではない。それは、密度も持続もなく、測ることもできない、不安定で危険な〈われ〉－〈なんじ〉の関係の世界から去って、ものを所有しようという気をひとに起させる、いつわりの自信にあふれた本能そのものなのである。

＊

〈われ〉と、この世における存在ないし生命との真の関係はすべて排他的である。〈なんじ〉は、他から離れて自由にただ一人、われわれと向き合って現存している。それは天空にみちあふれている。といっても、〈なんじ〉以外になにものも存在していないというのではない。ただ、他のすべてのものは、〈なんじ〉の光をあびて生きているだけなのである。関係が現存するかぎり、全宇宙にみなぎる普遍的な関係に打ち克つ力は存在しない。ところが、ひとたび〈なんじ〉が〈それ〉となるや、その普遍的な力はこの世に妥当しなくなり、やがては宇宙を排除するものとなる。

人間と神との関係について語るならば、この関係においては、絶対的な排他性と絶対的な包容性とが一つに重なっている。神との絶対的関係に入るものは、もはや孤立したいかなるものとも関係を結ばない。ひとやものとも、天や地とも関係を結ばない。いや、これらすべてのものは、逆に人間と神との絶対的関係のうちにつつみこまれる。なぜなら、〈われ〉が〈なんじ〉と純粋な関係を結ぶということは、〈われ〉が〈なんじ〉以外のすべてのものを無視するということではなく、〈なんじ〉のうちに、〈なんじ〉を通して、すべてを眺めることであり、またこの世を否定するということではなく、むしろこの世をその真の基礎からつくり直すことだからである。われわれは、この世から目をはずしても、あるいはこの世ばかりを凝視しても、それによって神に到達することはできない。その反対に、もしもわれわれが神のうちに世界をよみ取るならば、われわれは真に神とともに存在するものとなるであろう。「世界はここ、神はかしこ」というのは〈それ〉の言葉である。「この世のうちなる神」というのも〈それ〉の言葉である。しかし、もしもわれわれが、この世におけるすべてのものを捨て去らず、除外せず、これをことごとく〈なんじ〉のうちにつつみこむならば――この世の価値とその真理とを認め、神よりそとにではなく、まさに神のうちにすべてをつつみこむならば――このときこそ、われわれは、神と十全な関係に立つといえるのである。

われわれはこの世に留まるかぎり、神を見出すことができない。さりとて、この世を捨ててしまっても、神と出会うことはできない。いや、自分のすべてを捧げて、〈なんじ〉と出会うことに努め、この世のすべてを〈なんじ〉のみもとにもたらそうとしてはじめて、われわれが意識して求めてもさがし出せぬ神と、期せずして出会うことができるのである。

いうまでもなく、神はわれわれにとって「完全なる他者」である。それと同時に、神は完全に自己同一なるものであり、また完全に現存するものでもある。神は、地上にあらわれて、われわれをうち倒す「恐ろしき神秘」Mysterium Tremendum である。しかし神は同時に自明の神秘であり、わが「自我」よりもはるかに〈われ〉に近い存在者でもある。

もしもわれわれが、「事物」と「制約された存在者の生命」とを極めようとするならば、われわれは、人間の力では到底解決することのできないあるものの面前に立たざるを得ないであろう。その反対に、もしもわれわれが、それらを否定するならば、われわれは無の前に立たざるを得ないであろう。生ける神との出会いは、われわれがこうした生命を無心に讃美するとき、はじめて許されることなのである。

＊

われわれは個々の〈なんじ〉と関係を結んでも、その〈なんじ〉が〈それ〉に変ってしまうことを知ったとき、失望を禁じ得ない。だから、われわれはこうした個々の存在を経て、さらに奥深く進むことをのぞむ。けれど、個々の存在を度外視して、一足とびに永遠の〈なんじ〉に飛躍することはできない。なにかをさがし求めるように永遠の〈なんじ〉を探し求めることはできない。いや、この世で「神を探し求める」必要はないのである。なぜなら、この世のすべては、すでに神を宿しているからである。だから、神をさがし出すためにこの世をすてたり、定められたおのれの道からはずれたりすることは、実に希望のないおろかしいことなのである。このようなひとは、どれほどすぐれた智慧や精神力を持っていようと、結局は神を探しあぐねるであろう。それよりわれわれは、ひたむきに自分の道を進み、それが正しい道であることをのぞんだ方がどれほどよいかわからない。そののぞみが強ければ強いほど、それだけわれわれの努力はそこに見事にあらわされるのである。われわれが〈なんじ〉と関係をむすべば、かならずその関係の背後に、完全な全体的関係がひそんでいるのをかい間見ることができる。こうして、われわれは、個々の関係によって永遠の〈なんじ〉と関係を結ぶことができないともいえるけれど、またできるともいえるのである。われわれは個々の関係においても、永遠の〈なんじ〉との関係を待ち構えている。われわれは油断せず待ち構えながら（けっして求めながらではない）自分の道を進んで行く。それだから、われわれはその途中でどんなことが起ってもすこしも落ちつきを失わず、自分をたすけてくれるのは何事によらずこれと接するのである。われわれの心は、真の全体的関係を見出したときでさえ、個々の関係から離れない。もっとも、このような場合には、すべてのものが、ただ一つの絶対的関係において、われわれと出会うことになるのであるが……。いや、われわれは、いままでわれわれを宿らせてくれたすべての部屋にお礼をいい、また、これから厄介になるであろうすべての部屋に感謝するのである。なぜならば、われわれのこのような発見は、けっして窮極的なものではなく、われわれが進んでゆく道の中途——まさに永遠の中途——だからである。

　上に述べたことは、繰り返しいうように、求めずして見出すことである。つまり、それははじめからわれわれにあたえられていたものを見出すことなのである。〈なんじ〉についての直観は、永遠の〈なんじ〉を見出すまでは、われわれの心に満足をあたえない。というのは、われわれの心には最初から〈なんじ〉の姿が存在しているからである。ただ、この心の奥底に宿る〈なんじ〉は、この世が現実において聖化されなければ、現存しないだけなのである。

　われわれはたとえ宇宙のすべてを集めても、それらによって神を推論することができない。たとえば、神を自然界の創造主と見たてても、歴史的世界の支配者と考えても、あるいは主体における自我ととっても、結局、神はそれらのうちには見出されない。このようにこの世には、神そのものではなく、しかもそこから神をひき出すことができるようなものは、なに一つ存在していないのである。神はそれ自体あきらかにされるべきものである。神以外のいかなるものからも推論されるべきものではない。神とはまさに、直接、身近に、そしてもっとも永続的にわれわれと向き合う現存でなければならない。だから、われわれは神を客観的に言い表わすことができず、ただ、呼びかけることができるのみなのである。

＊

われわれはとかく感情（とくに絶対依存の感情、あるいは最近になってもっと的確に被造物の感情と呼ばれているもの）を、神と人間との関係を生み出す唯一の要素と考えがちである。しかしながら、もしわれわれが、この感情的要素だけをとりだして、それにこだわるならば、全体の調和は破れ、神とわれわれとの完全な関係はいっそうはなはだしい誤解を受けるであろう。

すでにわたしが愛について語ったことは、ここではさらにいっそうよくあてはまるのである。感情とは、超心理的ないし形而上学的な関係——自分の魂のうちにではなく、〈われ〉—〈なんじ〉の間に成立する関係——にまつわりついた副産物にすぎない。だから、よしんば感情が人間にとっていかに必要欠くべからざるものであろうとも、感情は依然として魂のはたらきによって左右されなければならない。だから、ある感情が他の感情を押し殺すということも生じる訳である。感情は関係とことなって、一定の秩序のうちにその立場を占めている。とくにそれは両極の引き合う緊張のうちに存在している。感情は、その色彩や意義を自分自身から得るばかりでなく、反対の極からも得てくる。この意味で、感情はすべて反対の極によって限定されるということができよう。それは絶対的関係についてもいえることである。絶対的関係――ということは、つまり相対的なすべてのものを現実のうちにまとめ、部分的なものを完成して全体的にすることなのであるが――このような絶対的関係さえ、もしも孤立し限定された感情の一状態におとされるならば、まさに相対的、心理的なものと化してしまうであろう。

こうして、われわれが自分の魂からすべての考察を始めるならば、上述したような絶対的関係でさえ両極的にしか――すなわち反対の一致（反対なる感情の一致）coincidentia oppositorum としてしか――理解することができない。もちろん、その一方の極は、ひとの根本的な宗教的態度によって抹殺され、内省的意識から消滅してしまうことはあろう。しかし、われわれが存在の深淵をこの上なく清らかに、また率直に考え直すとき、抹殺された極はよみがえってくるのである。

われわれは〈われ〉－〈なんじ〉の純粋な関係に立つときはじめて、他のいかなる関係においても感得できない「依存感」と、他のいかなる時、いかなる場所においても感じることのできない「自由」とを感じる。つまり、われわれはここにおいてはじめて、自分が被造物であるばかりでなく、創造者であることを感じるのである。しかもこの場合、「被造物」としての感情は「創造者」としての感情によって限定されることなく、われわれは双方の感情を同時に、際限なくいだくことができるのである。

われわれは心のうちで、なによりもまず神が必要であることを知っている。しかし、人間が神を必要とするように、神も人間を必要としていることを知らない。神が永遠のさなかにあって、われら人間を必要とし給うていることを……。もしも神がひとを必要とし給わないならば——もしも神がわれわれを求め給わないならば、われわれはいったいどうなるのだろうか。……人間はいったいどうなるのだろうか。われわれは人間として存在するために神を必要とし、また神は、人間の生命の真意をあかさんがためにわれわれを必要としている。われわれは教えや詩歌によって、神について多くのことを語ろうと苦心し、また事実、不必要なほど多くのことを語っている（それらは「生成の神」についてのいかに誇張に満ちた、無遠慮な言葉であろうか）。しかしいずれにせよ、われわれは、「絶対のうちに存在する神」が「人間を必要とする生成の神」であることを確信している。この世は神の遊び場ではない。神の運命の場である。神の意義は、この世の生活に、人間の生活に、自分自身の生活にひそんでいるのである。

ものを作り出す力はわれわれの体内に生じる。それははげしく燃え立ち、その熱によってわれわれを鋳直す。われわれはおそれおののき、気を失ってついにその力の前に屈服する。そして、われわれは創造に参加し、創造主に出会い、かれに手を差し伸べてまじわりを結び、その偉業を助けることを誓う。

二人の偉大なしもべがあらゆる時代を通じて生きている。そのしもべとは「祈り」と「犠牲」である。「祈るもの」は、絶対依存の感情のうちに溶けこみ、よしんば神からなんの応答を得なくても、自分は不可思議な方法によって神に働きかけているのだということを認める。なぜならば、自分の利益のためではなく、神のために祈るものは、かれの祈願が焔となって高々と燃え上がるのを見るからである。――それならば、犠牲をおこなうひとはどうであろうか。わたしは犠牲を捧げる古い実直な人々を軽蔑することができない。なぜならかれらは、神が燔祭《はんさい》の香を求めていると固く信じて疑わないからである。なるほど、これらの人々はおろかしい。しかしかれらは、「人間は神にささげものをすることができ、またしなければならない」ということをよく知っている。こうした気持ちは、自分のささやかな祈りを神にささげて、神の偉大な意志のうちに、神と出会おうとつとめる人々にも相通じる気持ちであろう。かれらは「なんじの御心のおこなわれんことを」と祈るだけで、そのほかにはなにも語らない。しかし、忘れてならないのは、その次に「なんじの必要とし給う〈われ〉を通して」という真理が暗黙裡につけ加えられているということである。

では、犠牲と祈りとが魔術と違う点はどこにあるのだろうか。――魔術は〈なんじ〉との関係に入らないで一定の結果を得ようとのぞみ、また真空のうちにあって自分のはたらきを示そうとつとめる。これに反して、犠牲と祈りは神の面前に進み出で、〈われ〉－〈なんじ〉の根源語が意味するところを完全に実現するのである。神に祈るものも犠牲をささげるものも、ともに〈なんじ〉と呼びかけたとき、かならず〈なんじ〉の応答を聞くことができるのである。

＊

純粋な〈われ〉－〈なんじ〉の関係を、〈われ〉の〈なんじ〉にたいする絶対依存の感情と考えることは、とりもなおさず関係の担い手の一方を抹殺し、その結果、関係そのもの、あるいは現実そのものを無にしてしまうこととなる。

＊

これと同じことは、もしわれわれがそれとは反対の側から出発して、大我へ帰入することと、あるいは大我へ没入することを以て、宗教的行為に不可欠な要素と考えた場合にも生ずる（この場合、われわれは大我への帰入ということを、㈠〈われ〉によって制約されているあらゆる存在から大我を解放することととっても、あるいはまた㈡大我を唯一の知なる有と考えることととっても、いずれも差支えない）。ところで、もしも、宗教的行為を㈠のようにとるならば、神は、我執から解放された存在者に入りこむと考えることもできるし、また存在者の方が神と帰一すると考えることもできる。これに反して、宗教的行為を㈡のようにとるならば、存在者自身が大我――すなわち神的唯一者――となるのである。㈠の方法においては、いかにすばらしい瞬間においても、〈われ〉が〈なんじ〉に呼びかけることはまったくなくなってしまう。なぜならば、われわれが大我に没入したとき、〈われ〉と〈なんじ〉の存在はゆるされないからである。さらに、また㈡の方法においても、〈なんじ〉を語ることはまったく考えられない。なぜなら、そこにももはや、二重の存在者はあり得ないからである。㈠の方法は、人間と神とが統一されることを信じ、㈡の方法は人間と神とが同一であることを信ずる。そしていずれの方法も、〈われ〉と〈なんじ〉を超越した一つの状態を作り出す。すなわち、㈠は、たとえば「恍惚状態」のように、絶対的な〈なんじ〉になりきってしまう状態を、また㈡は、たとえば思惟する主体の「自己観照」のように、「すでに存在する」絶対的な〈われ〉を「開示する」状態を……。ただし、㈠、㈡いずれの方法によっても、〈われ〉―〈なんじ〉の関係が破壊されることにかわりはない。たとえば㈠の方法によると、〈なんじ〉が〈われ〉を呑みこんでしまうという動的な考え方によって、〈われ〉―〈なんじ〉の関係は破壊される。しかも、この場合の〈なんじ〉は、すでに本来の〈なんじ〉ではなく、実は〈それ〉にすぎない。さらにまた、㈡の方法によると、解脱して大我となった〈われ〉が、全宇宙においてただひとり存在すると主張する静的な考え方によって、これまた〈われ〉－〈なんじ〉の関係は破壊される。

さて、さきに述べたように、もしもわれわれが神に対する絶対依存の感情にもとづいて神を認めようとするならば、〈われ〉－〈なんじ〉の純粋関係の一方を支える〈われ〉の力は、弱められ、ついには消え失せてしまうであろう。これに反して、もしもわれわれが、大我への帰入ないし没入の教えにもとづいて神を認めようとするならば、㈠の場合、〈われ〉－〈なんじ〉の関係が完全に成就するやいなや、両者をむすぶ懸橋は自然に消滅すると考えられ、また㈡の場合、この懸橋こそ、克服しなければならない迷いと見做される。

大我への没入の教えを説く人々は、たとえば、ヨハネ福音書の「われと父とは一なり」[*1]やシャーンディルヤの「万有に遍在するもの、それがわが心のなかの大我なり」[*2]等の神人一如をつたえる有名な言葉をよく引き合いに出す。しかしながら、これらの言葉がみちびく目的地はけっして同じではないのである。ヨハネの場合、かれの言葉は地下道をくぐったのち、多分に神秘的傾向を持つ人々の生活にあらわれ、そののちついに一個の独自な理論にまで発展していった。ところが、これに反してシャーンディルヤの場合は、最初から一個の体系的な理論が出来ていて、それが個人の神秘的生活に及んでいった。こうして神人一如の教えは、その信仰の仕方によって次第にかたちを変えていったのである。たとえば「キリストは歴史のうちに一回だけ肉となり給うた聖言《みことば》」という、ヨハネ福音書の伝統に示されたキリスト観は、やがて、キリストは神によって人間の魂のうちにいつもあたえられるという、マイスター・エックハルトのキリスト観へと変ってしまった。これに反して「そは真実なり、そは我なり、なんじはそれなり」[*3]というウパニシャッドにおける梵我一如の絶対境は、ヨハネ福音書からエックハルトへの移り変りよりもっと早く仏教にその王座を奪われて、「大我および大我に属するものを真実と実相のうちにとらえておくことは不可能」という教えに変ってしまった。

さて、㈠、㈡の方法についてさらにくわしく論ずるためには、両者の発端と結末を個別的に調べてみることが必要であろう。

われわれがもしもヨハネ福音書をなんの偏見にもとらわれず、虚心に一節一節読んでゆくならば、この福音書のいずこにも「われらは一なり」ἓν ἔσμεν の教えを引き合いに出せるような箇処が存在しないことを知るであろう。いや、実はヨハネ福音書こそ、真に〈われ〉－〈なんじ〉の純粋関係を伝えるすぐれた福音書なのである。この福音書のなかには、「われはなんじにして、なんじはわれなり」などというような、神秘主義者のきまりきった文句より、はるかにいっそう真実味のこもった言葉が見出せるのである。ここでは、聖父と聖子――いや神と人間でさえが、同じ存在であり、いずれも分けることのできない真の一対を形づくり、またいずれも根源的関係を担うものと考えられている。この根源的関係は、神から人間に達するときには「使命」あるいは「命令」となり、人間から神に達するときには「見聞すること」[*4]となり、また両者のあいだにおいては、知と愛となる。聖子は、こうした根源的関係においては、よしんば聖父が聖子に宿り、またかれにはたらきかけるとはいえ、「自分より偉大な」[*5]聖父にぬかづき、祈りをささげる。近代の学者はみな、この根源的な対話の実在性を、〈われ〉と大我との関係に見たて、あるいは、自己充足的な人間の内面生活における出来事と解釈しようとこころみてきた。しかし、このような企てほど無益なものはあるまい。なぜなら、これらの企ては、現実の破壊を目的とする歴史の坩堝にうごめく人々によっておこなわれるからである。

——しかしながら、神秘主義はどうであろうか。それはわれわれに、二元性がなくても統一は体験されることを告げていないだろうか。われわれは、神秘主義の教えの正しさを疑うことができるのか。

——わたしは、われわれにとって二元性がもはや体験できなくなってしまうような場合が一つではなく、二つあることを知っている。ところが一般の神秘主義者は、こうした二つの場合をしばしば混同してきた。いや、そういうわたしも、かつてはその誤りをおかした一人であった。

その一つというのは、魂が一個の統一体に達する場合である。しかし、これは、人間と神との間でおこなわれることではなく、人間のうちでおこなわれることなのである。このような場合には、あらゆる力は自分という一点に向って集中され、その力を外にそらそうとするすべてのものも、中心に向って殺到する力の渦にまきこまれてしまう。こうして、〈われ〉

だけが宇宙に存在する唯一のものとなって、パラチェルズスのいうように[*6]、歓喜に躍るという訳である。このような状態こそ、人間にとって決定的瞬間ともいうべきものであって、この瞬間を味わったことのないものは、精神的な仕事には適さない。反対に、この決定的瞬間を味わったものは、それがはたしてこれから自分のたどってゆかねばならない道の休憩所にすぎないのか、それともこれが自分の最後の目的地かを心の奥底で定める必要がある。もしそれを長い道の休憩所にすぎないととったものは、全体的統一のうちに自分を集中させるため――以前よりいっそう近づいてきた神秘と救済に出会うために――さらに勇躍してわが道を進んでゆくことであろう。これに反して、この状態を自分の最後の目的地としたものは、この精神の集中の幸福感を十分に味わいたのしんだのち、神秘や救いに出会う義務を果しもしないで、頽落したこの世へ戻ってしまうのである。――まことに、われわれがたどってゆく道の中途に横たわるすべての事柄は、はっきりした決断か、漠然とした決断か、それともまったく神秘的な決断か、そのいずれにせよ、とにかくわれわれの決断を求めている。しかし、そのうちでも、上述した決定的瞬間における決断こそ、われわれの存在の内奥でおこなわれ、われわれの運命をもっとも大きく左右する神秘的、根源的な決断というべきであろう。

つぎに、もう一つの場合は、二つのものが一つになるという、測り知れない神秘的な関係的行為の本質から生じる。「一つと一つとが結びつき、赤裸な存在が赤裸な存在のうちに自己を映し出す」Ein und ein vereinet, da liuhtet bloz in bloz とは、このような場合をさしていう言葉であろう。ここでは、〈われ〉と〈なんじ〉の境はくずれおち、ついいましがた神と向きあっていた人間は、神のうちに溶けこんでしまう。そして、人間は栄光をあたえられ、神化され、唯一者となったかのように感じる。しかし、ひとたびひとがこのように神の光につつまれて消耗したあげく、地上のあわれな状態につきおとされ、これら二つのまったく相違した体験を心に思うとき、そのひとは否応なく、自分の存在が真二つに裂けて、その片方が地獄に落ちてゆくのを感じるであろう。もしもこの世が、われわれと絶対者との合一になんの関係もないならば、たとえ自分の魂がこの世からふたたび消えうせて、神との合一に恍惚となったとしても、それがどんな役に立つであろうか。人間の存在が真二つに裂けている以上、「神とまじわるたのしみ」がどんな利益をもたらすであろうか。もしも神に帰一するあのゆたかな瞬間が、まずしい地上の瞬間となんの関係ももっていないなら、この世にいまだ真剣な生活を続けねばならない〈われ〉にとって、それがどんな意義を持っているであろうか——古来、恍惚状態のもとに神と「合一した」と感ずる有頂天な気持ちを否定した精神の巨匠たちは、おそらくこのように問うてみたに違いあるまい。

真の結合に見えて、しかも真の結合にあらざるもの。——たとえば、わたしはその一例として、エロスの激情に駆られ、抱擁によって恍惚感を味わっている男女を取り上げてみよう。このような場合、〈われ〉と〈なんじ〉の観念は、かれらのはげしい抱擁のうちに消え去り、それに代って、両者を統一した別の感じがあらわれるといわれる。しかし、ここで統一と見えたものは、実は統一ではない。このような場合、統一は存在し得ないのである。恍惚境に入ったものは統一を云々するが、しかし、このような場合の統一とは、人を有頂天にさせる関係の力にすぎない。いったい、この世の時間の系列に含まれた瞬間において、〈われ〉と〈なんじ〉を解体し、両者を統一させてしまうような出来事が起る筈はない。生ずるのはただ、両者をしっかりとむすびつける関係の力ばかりである。ただ、その力が、たがいに自分たちの関係をささえながら向き合っている、〈われ〉と〈なんじ〉よりも前面にせり出してきて、恍惚状態にある双方の感情の興奮により互いに相手を覆いかくしてしまうだけなのである。

ここでもまた、関係の行為は、関係の縁《ふち》を越して、その外にまであふれ出ている。換言すれば、〈われ〉と〈なんじ〉を有機的に結びつける関係の力が、ここでは非常に強く感じられ、その関係を構成する各部分はかえって影が薄くなってしまうのである。これはまた、関係そのものの〈それ〉の力が増し、そのために、関係を構成する〈われ〉と〈なんじ〉が忘れ去られてしまうといってもよいかもしれない。とにかく、われわれは、この場合、現実が拡大し得る極限――そこに至れば現実も朦朧となってしまうような縁《ふち》――に達するのである。しかしながら、このような存在と非存在の極限《きわみ》にはられた、謎にみちた蜘蛛の糸よりも、楓の木の枝に太陽の光がさんさんとふりそそぎ、永遠の〈なんじ〉の姿が垣間見られるようなこの世の日々における現実の方が、われわれにとっては、どれほど多くの価値があるかわからない。

しかし、こういうと、大我への没入に関して(二)の方法をとる人々から反対意見が出るであろう。かれらによれば、普遍的存在者（大我）と自我とは元来同一であるから、われわれがいかに〈なんじ〉を語っても、窮極的実在者は生じないというのである。

この主張にたいしては、大我への没入の教えそのものが答えをあたえるであろう。たとえば、ウパニシャッドの一つに、神々の長たるインドラが創造神プラジャーパティのもとを訪れた話がのっている。[*7] インドラはプラジャーパティから、どうしたら大我を見出し、またこれを認識することができるかを学びたかったのである。かくて、インドラはプラジャーパティのもとで弟子として励むこと一百年に及び、その間、充分な教えも受けずに二度も師のもとを辞した。しかしそのうちに、インドラは正しい智慧をあたえられた。それは、「もしもひとが深い眠りにおちいって夢一つ見ずやすむことができたならば、これこそ大我であり、不死、不畏、また普遍（梵）なるものだ」という教えである。そこでインドラはさっそうと師のもとを去ったが、たちまちある考えが胸に浮んで、ふたたび師のもとに戻った。そしてたずねていうに「師よ、もし、わたしがこのような境地に達したならば、どうしてわたしは、「これはわれである」とか、「これらはものである」とか認めることができるでしょうか。いや、このような境地に達するということは、寂滅の状態におちいることと同じなのではありませんか。それではなんの益もありません」と。これを聞いてプラジャーパティは「まさにその通り」と答えたという。

さて、もしこのウパニシャッドの教えが真に実在するものを肯定しているとするならば――その内容がどのようなものであろうと――またそれを確かめることがこの世ではできないにしても――とにかくその実在が「生ける現実」となんの関係も持っていないことはたしかである。なぜならば、この教えは、生ける現実を含めてすべてのものを仮象の世界に投げこんでしまうからである。さらにまた、もしもこの教えが真の実在に没入する手引きの役をはたすとするならば、そのときもまた、この教えは「生ける現実」をもたらさず、かえって意識や記憶のない「寂滅」をもたらすにすぎないであろう。このような「寂滅」を体験するひとは、自分の体験をいいあらわす言葉として、相変らず「二元性の欠如」という言葉を使うかもしれない。しかし、そのようなひとも、「二元性の欠如」をあえて「帰一」と呼ぶ勇気はあるまい。

われわれは、われわれにとってただ一つしかない生活にあたえられた現実を、「寂滅の観念」などとはまったく無関係に、敬虔な気持ちではぐくんでゆきたいとのぞんでいる。なぜならば、われわれの現実の生活ほど、真理のきざはしにまで近づいているものはないからである。

生きた現実においては、存在は梵我一如の状態になっていない。現実は、実際の行為、すなわち、行為の力、あるいは行為の深さ等のうちにのみ存在している。「内面的」現実もまた、〈われ〉－〈なんじ〉の実際的行為がおこなわれるところにおいてのみ存在する。だから、もっとも強く、またもっとも深い現実とは、あらゆるものを実際の行為のうちに溶解してしまうような現実――つまり、なに一つとどめることのないまったき人間と、万物を包含する神と――あるいは一如に帰した〈われ〉と無限なる〈なんじ〉と――の綜合とでもいうもののうちにおいてこそ存在するのである。

では、一如に帰した〈われ〉とはなにか。なるほど、生きた現実は、すでに述べたように、「魂の融合帰一」、とか「禅定」（すなわち力の集中）とかいうような、人間にとっての決定的瞬間を含んでいる。しかし気をつけなければならないのは、こうしたことが「大我への没入」のように、現実の人間を抽象したり、人間にたいして無関心な態度をとったりすることとは違うという点である。大我への没入は、純粋なもの、真なるもの、窮極的なもののみを留め、その他のものはことごとくすててしまう。これに反して、「力の集中」は、本能的なものを不純とは考えず、感覚的なものを目的と違うものとは思わず、また感情的なものをはかない夢とは考えない。いや、「力の集中」は、これらすべてを一つにまとめて支配する。従ってそれは、自我の分裂を好まず、人間が少しもそこなわれない完全な状態にあることをのぞむ。つまりそれは現実を志向する。いや、志向するというよりは現実そのものとなる、ということができよう。

大我への没入の教えは、唯一の知なる有（すなわちわれわれがこの世を考えるとき、根拠としなければならない絶対者）[*8]にたよることを求め、またそれが実在することを約束する。換言すれば、この教えは、われわれが純粋主観に頼ることを命ずるのである。ところが、生ける現実においては、われわれは対象なしにものを考えることができない。あだかも考えの対象が考える働きに依存しているように、考える働きもまたその対象に依存しているのである。だから大我への没入におけるように、主体がその対象を失った場合、その主体は現実性をも失ったことになるのである。このように、他に対象を持たず、それ自身においてのみ思考する主体は、思惟のうちにだけ存在する。それはまず第一に、思惟の所産およびその客体として——つまり、いかなる主体も持たない限定概念として——存在する。第二に、それは死を予期し、それを限定するところに存在する（ついでながら、死については、夜ごとの深い眠りがその象徴の役を果している。というのは、死も眠りも、ともにわれわれの力ではどうにもならない性質を有しているから……）。第三に、それは意識も記憶もない、深い眠りのように完全な大我への没入の教えに存在する。以上、主体が思惟のうちに宿る三つのあり方は、別言すればいずれも〈それ〉なることばが到達しうる極限の状態である。われわれは、このような対象にたいする無関心と崇高な抽象の力にたいしては敬意を表さなければならない。しかし、それと同時に、抽象の力はせいぜい経験されるだけであって、われわれがそれに即して生活することはまったく不可能であるという事実も認めなければならないのである。

みずから「覚し」、また他を「覚さしめる」ものといわれる仏陀《ブッダ》は、この点を認めようとはしなかった。仏陀は梵と我が一如になるともならないとも断言しなかったし、大我へ没入するために、あらゆる試煉に堪えたもののみが、死後も梵我一如のうちに存在するとは教えなかった。仏陀のこうした「維摩の一黙」（気高い沈黙）は、つぎの二つの理由によったのである。すなわち、その一つは、このような悟りは人間の思考や表現を超越した境地であるという理論的理由であり、また他の一つは、よしんばこのような悟りの境地をあきらかにしたとて、解脱の生活は実現されないからという実際的理由である。さて、これら二つの理由は結びついて一つの真理を形づくる。それは、「存在を肯定の対象とするものは、存在を統一ではなく、分裂の世界――すなわち解脱のない〈それ〉の世界――にもたらす」というのである。

「もしも霊魂と身体とが一つであると考えるならば、悟りはあり得ない。その反対に、霊魂と身体とが互いに別だと考えても、これまた悟りはあり得ない」。生きた現実から看取される神秘においては「それはそうだ」とか「そうでない」とか、あるいは「在る」とか「無い」とかという断言は許されない。いや、このような神秘の世界においては、「それはそうであって、しかもそうでなく」また「在って、しかも無い」という以外に方法がないのである。

つまり、上述したことを一言でいうならば、悟りの根本的条件はまさに、われわれが限定されない神秘のうちに主客未分化の全体的立場で相対することなのである。たしかに、仏陀はこの条件をさとった一人であった。仏陀はすべての真の教師と同様、自分の意見をさずけようとはせず、ただ道をさとそうとした。仏陀がみずから否定したのは「この世にはいかなる行為も、はたらきも、力もない」という「愚人」の言葉だけであった。かれはこの言葉に対して「ひとは道を歩むことができる」と語った。また、かれがみずから積極的に肯定したのは、つぎの一句のみであった。曰く「この世には、生まれ出でぬものがある。存在もせず、造られもせず、形をあたえられもしないものが……」。なぜなら、もしもこの「生まれ出でぬもの」がないならば、人間の目的もないからである。しかし、実際は、「生まれ出でぬもの」が存在するから、ひとの歩む道にも目的が存在するのである。[*9]

　出会いの真理に忠実であろうとのぞむわれわれも、ここまでは仏陀の教えに従ってゆくことができる。しかし、これ以上仏陀の教えについてゆくならば、われわれは現実生活に不遜な態度をとることとなるであろう。

　なぜなら、もしも仏陀の目的が、人生における他のたくさんの目的の一つにすぎないならば、われわれはとりわけこの目的を追求する必要はないし、またもしそれが人生における唯一の目的であるならば、仏陀はその目的を正しく説きあかしているとはいえないからである。だからもしも仏陀の目的が多くの目的の一つであるならば、仏陀の道はその一つの目的へわれわれを導いてくれるであろうが、もしもそれが唯一の目的であるならば、それはせいぜいその近くまでしかわれわれを導いてはくれないであろう。われわれはこのことを、自分自身から引き出した真理や現実から知るのではなく、〈なんじ〉と共有するよう、われわれにあたえられた真理と現実から認めることができるのである。

さて、仏陀は、この目的を「苦の止滅」という風に語っている。「苦の止滅」とは、つまり生滅の止滅であり、輪廻からの解脱である。「悟りをひらいてよりのちは、輪廻なし」というのが、生への妄執をたちきって、絶えずあらたに生れかわる必要のなくなったひとの言葉だというのである。しかし、われわれは輪廻がはたして本当におこなわれているかどうか、確かではない。われわれは、自分たちが現に生活している時間を、この世の外にまで延ばして、この世とは違った時間や法則によらなければあきらかにすることのできないようなな事柄を、この世の時間の延長線によってあきらかにしようなどとはこころみない。さらにまた、よしんばわれわれが事実、輪廻のおこなわれていることを知ったとしても、それからのがれて野獣になることは望むまい。それよりはむしろ、輪廻によっていかなる道といかなる言葉をもった生を送ろうとも、とにかく流転する無常な〈われ〉と、永遠に不動なる〈なんじ〉とを語る力を求めるであろう。

われわれは、仏陀が輪廻からの解脱という大目的にまでわれわれをみちびいてくれるかどうか知らない。確実に知っているのはただ、仏陀が、われわれの予備的な目的である「梵我一如」の境地にわれわれをみちびいてくれるということだけである。しかも仏陀は、われわれをみちびくに当って（それは、かれの主張からすれば当然のことなのではあるが）、「妄見の葛藤」ばかりでなく「かたちの迷い」からも遠ざかろうと欲するのである。ところで、われわれにとって、「かたち」はけっして「迷い」（無明）ではない。かえって信頼できる世界なのである（なるほどこの世に関係した観察においては、主観的にいって大いに矛盾したところがあるかもしれないが、それにもかかわらずこの世は信頼できるのである）。こうしてみるとわれわれは、仏陀の道にもまた対象にたいする無関心と抽象のおこなわれていることを知るのである。だから、仏陀が、われわれの肉体の内的現象を意識せよと命じても、その意味するところは、感覚についての確実性を伴った肉体の意識とはほとんど正反対のものなのである。いや、そればかりではない。仏陀は梵我一如の悟りをひらいたものを一段と先にみちびいて、〈われ〉－〈なんじ〉の境地にまで至らしめることができなかった。いや、仏陀のもっとも内面的な決意は、かえって人間から〈なんじ〉を口にする能力をうばってしまうところにあったように思われるのである。

もちろん仏陀そのひとは、他人に向って〈なんじ〉と呼びかけることを知っていた。それは、かれと弟子たちとの関係を見てもあきらかである。仏陀は弟子たちよりはるかに高い境地にいたけれども、かれは直接弟子たちに話しかけた。ただし、仏陀は、このような〈われ〉－〈なんじ〉の間の話し方を教えたわけではなかった。というのは、ある存在が他の存在と〈われ〉―〈なんじ〉の関係で向きあうということは、「生きとし生けるものは、わが胸のうちに限りなくおさめられている」という仏陀の慈悲[*10]とはきわめて程遠かったからである。たしかに仏陀は、かれの心の静かな奥底で根本的原因に向って――かれがまるで自分の弟子であるかのように取扱った「諸天」（すなわち仏陀以前の神々）よりはるかにすぐれた根本的原因に向って――〈なんじ〉と呼びかけることを知っていた。もちろん、仏陀にとって、この根本的原因すら実体のないものであったから、それに対するかれの呼びかけは、その原因に実体があるかのような形式のもとでおこなわれたにすぎない。しかし、それでもそれはまさしく〈なんじ〉にたいする応答であった。ただ、仏陀はこの応答についてはあくまでも沈黙を守ったのである。

ところが、仏陀の教えが広く世につたわり、ついに大乗仏教が生れると、信者の考えは、仏陀の根本思想とひどく矛盾するようになった。かれらは仏陀の名のもとに永遠の人間的〈なんじ〉を呼び求め、また、未来において弥勒《ミロク》菩薩がこの世にくだり、衆生をすくうのを待ちかまえたのである。[*11]

さて、以上述べたところであきらかなように、大我への没入に関するあらゆる教えは、精神が対象に向わず自分自身に舞い戻ってその内部に働きかけ、その結果「精神は人間に内在するものなり」という想像を人々に起させる。しかし、それは大きな迷いにほかならない。事実はどうかというと、精神は、人間にとってまさに一つの出発点として、「人間」と「人間ならざるもの」とのあいだに存在している。だから、もしもわれわれが精神から「人間」と「人間ならざるもの」とを結びつける「関係の意味」をとりさってしまうならば、精神はやむなく自分自身に舞い戻って、「人間ならざるもの」を「人間」のうちに引き入れ、世界と神とを魂の働きに還元してしまうであろう。これがつまり、人間の魂に関する精神の迷いにほかならないのである。

仏陀はいった。「比丘《びく》よ、この修行者の五官に支配された五尺の身体のうちに、人間の生存と、そのなりたちと、その終りと、また解脱への道とが宿っていると知れ」と。[*12]

これは真実である。けれども窮極的にいうならば、それはもはや真実とはいえない。なるほどこの世は、仏陀のいうように、たんなる一個の影像となって〈われ〉のうちに「宿って」いるには相違ない。それは、まさに〈われ〉が一個のものとして、この世に「宿って」いるのと同じである。しかし、この世が〈われ〉のうちに宿るのは、仏陀のいうような理由によるのではない。それはあだかもこの世における〈われ〉の存在が、仏陀のいうような理由によるのではないのとおなじことである。いや、この世と〈われ〉とは、互いに包み包まれる関係に置かれている。この矛盾――〈それ〉の状態におかれた人間にとっては止むをえないこの精神的な矛盾――は、〈なんじ〉との関係――すなわち、〈われ〉をこの世にむすびつけるために、かえって〈われ〉をこの世から解き放つ〈なんじ〉との関係――によってはじめて解決されるのである。

わたしは、自分のうちに「我」の衝動を感ずる。この衝動は、どうしても世界のうちに包むことのできないものである。さらにまた、世界はそれ自身のうちに存在の意義を有している。そして、この意義もまた、どうしてもわれわれの心像に包むことのできないものなのである。さらに、こうした存在の意義は、われわれが思惟することのできる「意志」などというようなものではなく、まさに「世界としての世界の全体的状況」のことなのである。それはあだかも「我」の衝動が、「認識主体」というようなものではなく、まさに「〈われ〉としての〈われ〉の全体的状況」を指しているのと同じである。ここでは、両者いずれもこれ以上の「還元」は不可能である。だから、これ以上還元できない窮極的統一体を尊重しないものは、その統一体の意味のなんたるかを知り得ないであろう。なぜなら、その意味は、会得できるものではあるが、観念的に把えることのできないものだからである。

この世のはじめと終りは、わたしのうちには存在しない。同時にわたしのそとにも存在しない。結局この世のはじめと終りとは、「存在する」とは言い切れないのである。いや、それは、わたし——つまり、わたしの現実の生活、わたしの決断、わたしの労働、わたしの奉仕——と関係し、あるいはそれらに依存しつつ、現にいま、たえずあらたに生じているといった方がよいであろう。この世のはじめと終りとは、わたしが、この世を「肯定するかしないか」によって定まるのではなく、わたしの魂がこの世にたいしてどのような態度をとるか——つまり、わたしの魂がそこで一つの生活にまで高まってゆくか——この世にはたらきかける積極的な生活に――換言すれば現実生活に――まで高まってゆくかどうか、ということによって定まるのである。なるほど、こうした現実生活においては、この世にたいするわれわれの心的態度は、非常にさまざまなかたちをとらざるを得ないであろう。しかし、これとは反対に、こうした自分の態度をたんに内的に「体験」したり、心のうちに止めておくものは、それをいかに深い思索をもっておこなおうとも、結局、世界を持たないものとなるのである。このような人々は、どんな巧みな方法を用いて恍惚境にひたり、神秘の境に足をふみ入れようとも、結局現実の世界の表面に、かすかな風波さえ立てることができないのである。もしもひとが自分の「我」にしか開放されていないならば、この世にわずかの影響すらあたえることができないであろう。なぜなら、そのひとは、この世とかかわりを結んでいないからである。この世とまじわる真の力を得るものは、現実の世界の存在を信ずるものに限る。また、もしひとがあえてこの世の存在を信ずるならば、同時に神にたいする信仰をも持たないではいられないであろう。もしもひとが、なにものをもってしても消すことのできない現実の世界を愛したならば――それがいかに恐ろしかろうと、進んでそれを愛したならば――もしもひとが精神という腕でこの世をあたたかくいだこうとこころみさえしたならば――そのとき、かれの手は、この世をささえている別の手と触れ合うことであろう。

わたしは、人間と神との仲を裂いてしまうような「この世の生活」のあることを知らない。いや、そうした「生活」は、実はわれわれが経験したり利用したりすることのできる客観化した〈それ〉の世界の生活にほかならないのである。この世と出会うために外に出るものは、また神と出会うために外に出るものでもある。ここにおいては、内に集中することは、すなわち外に働きかけることである。われわれは、そのいずれも同時におこなわなければならない。なぜならば、これら二つのはたらきは、ともに統一された「一者」の二面にすぎないからである。

神は一切をつつむ。しかし、神は一切ではない。神は〈われ〉を包む。しかし、神は〈われ〉のすべてではない。この、いかなる言語によっても言いつくすことのできない真理の故に、かえってわたしは、自分の言葉で〈なんじ〉ということができる。同じように、他の人々もそれぞれ自分の言葉で、〈なんじ〉ということができる。つまり、この言い尽し難い真理の故に、〈われ〉と〈なんじ〉があり、そこに対話がおこなわれ、精神と言葉（すなわち精神の根源的行為）と、そして永遠の聖言《ロゴス》とが存在するのである。

＊

人間の「宗教的」なあり方——すなわち人間が現存しているということ——は、根本的に解決できない二律背反を特色としている。それはひとえに人間存在の本質によるのである。だからもしもひとが定律《テーゼ》を認めて反律《アンチテーゼ》を認めないなら、人間存在の意味はたちどころにそこなわれてしまうであろう。また、定律と反律から一つの綜合《ジンテーゼ》を引き出そうとこころみても、人間存在の意味は消滅してしまうだろう。同様に、この二律背反を「相対的」と片づけても、現実生活によらず、他の方法によって解決しようとしても、人間存在の意味はなくなってしまうであろう。まことに、人間存在の真の意味とは、われわれがただ生きるということ――なんの予見も、想像も、規定もなく、生存の二律背反をことごとく自分の一身にになう、一途に、たえずあたらしく生きてゆくということにあるのである。

このことは、宗教上の二律背反と哲学上の二律背反とを比較してみれば、いっそうあきらかになるであろう。周知のように、カントは自由と必然の哲学的矛盾を解決するため、「必然は現象の世界に属し、自由は実体の世界に属す」と定義し、それによって両者の二律背反を相対化してしまった。その結果、自由と必然の妥当する世界ばかりでなく、自由と必然そのものまでが、もはや真正面から衝突することなく、互いに和解するようになった。しかしながら、もしわたしがこのような抽象の世界においてではなく、「われ神の御前に立つ」という生きた現実の世界において自由と必然とを考えるならば――つまり、一面において「自分は引渡された人間である」と感ずると同時に、他面において「すべては自分次第できまること」と考えるならば――そのときわたしは二律背反から逃れるどころか、かえって二律背反こそわが生命となるのである。宗教的世界においては、カントのように、絶対に和解できない二つの命題を、それぞれそれらの妥当する二つの世界にわけてみたところで、なんの足しにもならない。いわんや神学的な技巧をこらしたところで、両者の矛盾を解決するようすがとはならないのである。われわれは、ここではいやでも応でも絶対に矛盾するこれら二つの命題を一身にになない、それらのいずれにも身を尽して生きつづけなければならない。そうしないかぎり、絶対的矛盾はわれらのうちにあって、どうしても一つにむすびつくことができないのである。

*

動物の目は偉大な言葉を語る力を持っている。動物は、その鳴き声や動作の助けをかりず、ただ目の力だけに頼るとき、自然から授かった自分の肉体の神秘や、生成の不安をもっともはっきりと示すものである。こうした神秘を知り、またわれわれにむかってその神秘の扉を開くことができるのは、動物だけである。なぜならば、神秘には自分を示す力がなく、だれか他のものがそれを開示してやらなければならないからである。この場合、この神秘を言いあらわす力を持ったものは、安全な植物界と冒険的な精神界の間におかれた、被造物の不安な動きである。これらは、いわば精神がはじめて自然にふれたときに自然が口ごもって発した言葉であり、またいわゆる「人間」という精神的存在が、自然を征服する以前の、自然のたどたどしい言葉なのである。この自然の口ごもりが語っていることは、他のいかなる言葉をもってしても繰り返しとなえることはできないであろう。

わたしは、しばしば、猫の目をじっと見つめる。この飼いならした動物は、(われわれがしばしば想像するように）実は、「話しかける」まなざしの仕方を人間からおしえられたわけではなく、ただ、原始的な純粋さを犠牲として万物の霊長たる人間に視線をかえす力を得たにすぎない。ところで、猫がこうした力をあたえられると、そのまなざしのうちには、次第次第に驚きと物問いたげな様子とが宿るようになる。この様子は、最初、猫が人間に会って、非常な恐怖をいだいていたときには、そのまなざしには見出されないものであった。ところが、時のたつうちに、こうした猫のまなざしは、わたしがじっとみつめる視線に答えるかのように徐々に輝きを増しはじめ、ついにはどうやらわたしにむかって次のように尋ね出すかのように思われてくる。「あなたはわたしのことを考えておられるのですか。あなたは、本当は、わたしのことをからかいたいのではないのですか。わたしとあなたとは、なにかのかかわりがあるのですか。あなたにはわたしが見えるのですか。そういうわたしは、本当に存在しているのでしょうか。あなたから流れてくるものはなんですか。わたしをとりまいているものはなんですか。わたしのところにむかってくるものはなんですか。それは一体なんなのですか」（ところで、この場合のわたしとは、実は人間の言葉では言いあらわすことのできない、「自我《エゴ》を含まぬ〈われ〉」ということであり、また〈それ〉とかものとかは、ここでは、猫と関係をむすぶ力を持った、あらゆる現存的な「視線の流れ」と想像していただきたい）。このとき、心の内奥の不安を物語っている猫のまなざしは、ひときわ大きく見ひらかれ、それからやがてそのきらめきが消え去ってゆく。猫を見るわたしの視線は、それよりさらに長い間続く。けれども、それはもはや「視線の流れ」ではなくなっているのである。

地球がうごき、その瞬間、わたしと猫との間には関係が生ずる。しかし、次の瞬間、地球がうごくと、わたしと猫の関係は終りを告げてしまう。〈なんじ〉の世界の深淵から輝き出た視線の火花はたちまち消えうせ、そのかわりに、〈それ〉の世界がわたしと猫とをつつみ、空間はふたたび〈それ〉の世界に逆もどりしてしまうのである。

わたしがいままでにいくたびとなく体験した上のような事柄を、ここにわざわざ物語ったわけは、精神というほとんどだれも気附かぬ太陽が出るときと没するとき、つねにわたしに語りかける言葉を告げたかったからである。わたしは、いままで、猫のまなざしがつたえてくれた以外、他のどんな言葉によっても、次の事柄をこれほど深く知り得たことはなかった。それは、㈠現実と存在との関係がいかにうつろいやすいものであるかということ、㈡われわれの運命がいかに崇高な悲哀にみちたものであるかということ、㈢すべての孤立した〈なんじ〉が、いかに容易に〈それ〉へ顚落してしまうかということである。なぜならば、ほかのことなら、一定の時間続いているのに、わたしと猫の関係となると、精神の太陽は輝き出たと思ったとたんに没してしまい、かがやかしい〈なんじ〉があらわれたかと思うと、即座に消えていってしまうからである。それはあまりに早いので、猫とわたしのまなざしが空間を通ってゆくことができるよう、〈それ〉の世界の重圧が取りのぞかれたかどうかさえわからないほどである。なるほど、人間であるわたし自身は、すくなくとも猫との関係をあとになっても思い起すことができる。しかし、猫の方は、その口ごもるようなまなざしが消えると、ふたたび話もしなければ、記憶もほとんど残らない。猫は孤独の不安に落入ってしまうのである。

　まことに、一度として中絶したことのない〈それ〉の世界は、いかに力強いことか。これにひきかえ、〈なんじ〉の出現のいかにはかないことよ。

　こんなことでは、われわれは物的状態のかたい殻をつき破ることなど、到底おもいもよらないことである。おお、一片の薄き雲母よ。わたしは、その一かけらを見たとき、はじめて、〈われ〉はわたしのうちには存在しないことを知った。――それまでは、〈われ〉はわたしのうちにおいてのみ〈なんじ〉と結びつき、すべてはわたしのうちに生じるとばかり思いこんでいたのに……

　しかしそれにしても、生あるものが死滅したものから解放され、その存在と言葉とを通じて〈われ〉とまじわる時間――言いかえれば、〈それ〉がわたしにとって完全に〈なんじ〉となる時間――はなんと短いことであろうか。これはどうしようもないことかもしれない。しかし、時が経つうちにおとろえるのは、〈われ〉と〈なんじ〉の関係そのものではなく、むしろ、その関係の直接性ないし現実性なのである。愛は関係の直接性のうちに長くとどまっていることができない。なるほど愛は永続的ではある。しかし、愛は、現実と可能が交互に変ずることによってはじめて永続的となるのである。この世の〈なんじ〉はすべて、必然的にものに変ずる運命をになっている。あるいはすくなくとも、絶えずものの性質にもどるよう定められている。

唯一にして、しかもすべてを含む関係こそ、現存的というべきであろう。このような関係は、それが可能的状態にあるときでさえ、現存的といえる。われわれにとって、いついかなるときも〈なんじ〉たることをやめないのは、唯一の〈なんじ〉、すなわち神のみである。なるほど、神を知るものは、かえって神と人間とをへだてる距離のあまりにもはなはだしいのを知って、索漠たる気持ちを味わうであろう。しかしわれわれはこうした気持ちを味わいこそすれ、「神なし」とは絶対に考えない。なぜなら、いつも存在するとは限らないのは、実はわれわれの方なのだから……。

『新生』の中の愛人がほとんどつねにElla（普通は三人称単数女性で「かの女」の意味であるが、ここでは相手を尊敬して呼んだ「貴女」の意）と言い、きわめてまれにしかVoi（二人称、単数で普通使われる代名詞「お前」、「君」の意）と言わなかったのは正しいことである。『煉獄』を目のあたり見たダンテがColui（三人称、単数の代名詞で「あれ」の意）という言葉を使ったのは、まったく詩法の理由によったのであった。[*13] ダンテはそのことを万々承知していた。同様に、もしもわれわれが神を〈かれ〉ないし〈それ〉と呼んだならば、それはいつも神を比喩的に呼んだことになるのである。これに反して、もしもわれわれが神を

〈なんじ〉と呼ぶならば、そのときは、有限なる人間が、世界の完全な真理を真に正しい言葉で呼んだことになるであろう。

＊

この世における真の関係はすべて排他的である。それ故、この関係に入ることのできなかったすべてのものは、無理にそこに割りこんで、除外された仕返しをしようとする。ただ、神との関係においてのみ、絶対的な排他と絶対的な包摂とが一つとなり、すべてのものがそこにふくまれることになるのである。

この世におけるあらゆる真の関係は、個別化にもとづいている。これが関係するものの喜びとなるのである。なぜならば、人々は個別化によってはじめて、互いにことなった相手を知ることができるからである。しかしながら、個別化は関係の限界でもある。なぜなら、個別化によっては、相手を根本的に知ることも、また相手に自分を完全に理解させることもできないからである。これに反して、神との完全な関係にあっては、〈なんじ〉なる神は〈われ〉を包む。しかし、神は〈われ〉そのものではない。たとえていえば、〈われ〉の限りある知識は、「われ」というものが無限に知ら﹅れ﹅て﹅いる広い庭のなかに咲いた一輪の花のようなものなのである。

この世におけるあらゆる真の関係は、現実的であり、また同時に可能的である。〈われ〉―

〈なんじ〉の関係は両者の交替から成り立っているといえよう。〈われ〉から離れ孤立した〈なんじ〉は、ふたたびあらたな翼を得んがために、〈それ〉というさなぎに戻らなければならない。しかし、純粋な関係にあっては、現実と可能との間になんの相違もない。可能とは、実は息をころしている現実にほかならないのである。可能の状態にあっても、〈なんじ〉は立派に現存している。永遠の〈なんじ〉は、その本質からいって永遠に〈なんじ〉としてとどまっている。ただ、われわれ人間は、その性質上、やむなく永遠の〈なんじ〉をこの世にひきずりこみ、〈それ〉の話の種に供してしまうだけなのである。

＊

〈それ〉の世界は、時間と空間のうちに置かれている。

〈なんじ〉の世界は、そのいずれのうちにも置かれていない。

〈なんじ〉の世界は、関係の延長線がまじわる中心点――すなわち永遠の〈なんじ〉のうちにある。


永遠の〈なんじ〉との純粋関係は非常に大きな特権を有しているので、この特権を前にしては、〈それ〉の世界のさまざまな特権も雲散霧消せざるを得ない。〈なんじ〉の世界が一貫した世界となるのもこの特権のおかげである。さまざまに孤立した関係の契機が一つに結合して、互いに普遍的なむすびつきを持つ生活を作り出すことができるようになるのも、この特権のおかげである。また、ものを形づくる力が〈なんじ〉の世界に生み出され、〈それ〉の世界を貫き通して、この世界を一変させてしまうのも、この特権のおかげである。さらに、われわれがこの世から外になげすてられたり、あるいは「我」によって現実を見失ったり、幻想に支配されたりしなくなるのも、この特権のおかげである。まことに逆転とは、道の中心を認め、そこに復帰する行為を指していう言葉である。逆転によって関係の力はふたたびよみがえる。そして、関係の全領域にあらたな生命をあたえるため、激浪のように高まってこの世を押し流してゆくのである。

いや、それは、この世においてのみおこなわれることではない。およそ、根源から離脱しようとする運動と――それによって宇宙における万物の生成は維持されるのであるが――根源へ復帰しようとする運動と――それによって万物は存在したままの状態で救いを得るのであるが――これら二つの運動は、実はこの世と、この世ならざるものとの関係を律する形而上学的な根本形式なのである。そして、この根本形式が人間のあいだにあらわれると、〈われ〉－〈なんじ〉と〈われ〉－〈それ〉という二重の根源語や二重の世界観となるわけなのである。同時に、これら二つの運動は、必然的な力に左右されて時間のうちに発展し、また恩寵の力に左右されて非時間的な創造のうちに包みこまれる。かくて、この創造は奇《く》しくもわれわれを解放すると同時に拘束し、放任すると同時に束縛するのである。

万物の二重の性質にたいするわれわれの認識は、根源的神秘の矛盾を前にしては、ただ黙するよりほかに方法がない。

＊

関係の世界をつくり上げる領域は三つある。

第一は、自然的生活で、ここでは、人間と自然の関係は言語のきざはしにまつわりついて離れない。

第二は、人間と人間の生活で、ここでは両者の関係は言語によって実現されている。

第三は、精神的生活で、ここでは、人間と精神の関係は沈黙のうちに実現されるが、しかしそこから言語が生ずる。

われわれは、これらの領域における生成の過程のうちに、永遠の〈なんじ〉の裳裾を眺め、永遠の〈なんじ〉のいぶきを感じる。さらにわれわれは、これらの領域の特色に応じて各々の〈なんじ〉に呼びかけ、またそれを通じて永遠の〈なんじ〉に呼びかけるのである。これらの領域はすべて、永遠の〈なんじ〉に包まれている。しかし、永遠の〈なんじ〉はそのいずれによっても包まれていない。

いや、唯一なる現存者は、これらすべての領域を通じて光を放っている。

しかしながら、われわれは、これらの領域から現存者を取り除いてしまうことができる。

たとえば、自然的生活から「物的」世界（ないし、物的恒常性の世界）を、人間生活から

「心理的」世界（ないし、感情の世界）を、また精神生活から「知的」世界（ないし、普遍妥当の世界）を、それぞれ取り除くことができる。しかし、もしもわれわれが、これらの領域から、こうした本質的要素を取り除いてしまったなら、いずれの領域もその透明さを失い、従って、その意味も曖昧となってしまうであろう。それらは不透明、不活潑となり、すべてが利用の対象となってしまうであろう。関係の各領域がこうなってしまったら、コスモスとかエロスとかロゴスとか、さまざまの立派な名前をつけてやったところで、それらはけっして以前のようにすっきりとした透明さを取りもどす筈はない。なぜならば、宇宙が人間の住み家となり、その聖なる祭壇で犠牲を屠《ほふ》ることができなければ、人間にとってコスモスは存在しないから。また、存在者が人間に永遠の姿を示し、それとともに、共同社会が出現しなければ、エロスは存在しないから。さらにまた、精神にたいする労働と奉仕とを通じて、人間が神秘に直接呼びかけなければ、ロゴスは存在しないからである。

理念の無言の問い、愛にみちた人間の言葉、そして被造物の黙した啓示――まことにこの三つこそ、現存する聖言《みことば》にいたる戸口なのである。

しかしながら、もしも〈われ〉－〈なんじ〉の間に完全な関係がむすばれたならば、これら三つの戸口は合して一つの大きな、真の生命《いのち》の門となるであろう。こうなった暁には、諸君は一体この門のどの口からはいったのか、まるで見当がつかなくなってしまうのである。

＊

さて、上述した三つの領域のうち、もっともいちじるしい特色をそなえているのは、人間生活である。なぜなら、人間生活においては、言語はやりとりのうちに——問いと答えのうちに——次第に完成してゆくからである。ここにおいてのみ、言葉が言葉としてその真の応答に出会うのである。また、ここにおいてのみ、根源語は、まったくはっきりとしたかたちのもとにやりとりされるのである。呼びかけと返事の言葉が、同じ一つの言語のうちに生き、〈われ〉－〈なんじ〉が、たんに関係のうちばかりでなく、実際にしっかりとした話のやりとりのうちにも実現されることとなるのである。それ故、人間生活において、また人間生活においてのみ、孤立化したあらゆる関係の契機は、それが深くしみこんでいる言語によってしっかりと結びつけられるようになる。さらにまた、〈われ〉に向き合っているあらゆるものは、〈なんじ〉という完全な現実に達するようになる。それだから、人間生活においてのみ、われわれは真に現実に相手をみつめ、またみつめられ、相手を知り、また知られ、相手を愛し、また愛されるようになり、ここにいわゆる関係の相互作用が成立するようになるのである。

このような人間生活の領域が上述した大門の中央に位する主要部分であり、他の二つの領域は、その左右に位する小門に当る。そして、これら三者が合体して大門を作り上げているのである。

「男がその妻とともにあるときは、永遠の丘へのあこがれが、かれらをその息で包む」。

ひととひとの関係は、ひとと神の関係の比喩的な表現ともいえよう。いずれの場合も、真の呼びかけは真の応答を受ける。両者の相違は、ただ、神の答えにおいては、宇宙のすべてが言語と化して自分をあらわにするということだけである。

＊

――しかしながら、孤独もまた門ではないだろうか。この上なくもの静かな孤独のうちには、しばしば思いがけぬもののすがたがあらわれるのではなかろうか。「自分自身とのまじわり」は、とても言葉では言い尽せない方法によって、「神秘とのまじわり」へと脱皮することができるのではなかろうか。そればかりではなく、悟道に入って、もはやこの世に執着しなくなったものだけが、絶対者と相対するのではないだろうか。「あらたな神学者」といわれたシメオンも「孤独なる神よ、孤独なるわれのもとに来れ」と神にむかって叫んでいる。[*14]

――孤独には二つの種類がある。その区別は、ひとがなにから孤独になったか、その性質によって定まる。もしもわれわれが、孤独を「事物の体験と利用とをやめること」と解するならば、この種の孤独は、最高の関係ばかりでなく、ありとあらゆる関係にとっても必要となるであろう。しかし、もしも孤独を「すべてのものから関係を断つこと」と解釈するならば、そのときは、他人にむかって心から〈なんじ〉と呼びかけたにもかかわらず、相手の応答を得ることができなかったもののみが、神に迎え入れられるであろう。これに反して、自分の方から相手を見捨てて孤独におちいったものは、神に迎え入れられない。この種の孤独者は、他人に利用価値がある間は他人に執着するが、利用価値がなくなったら決して他人とまじわろうとはしない。

実存のうちに生きようとするものは、かならず自己以外のものと生きた関係をむすばなければならない。また、自分以外のものと生きた関係をむすぶものこそ、神と応答することができるのである。なぜなら、そのひとのみが、神の現実と人間の現実とを対立させることができるからである。

さらに孤独は、ひとがいかなる目的で孤独となったか、その目的の性質に応じて二つの種類に分かれる。もしも孤独が、われわれを浄化する場所であるならば――すでに〈われ〉―〈なんじ〉の関係に生きているものにとってさえ、かれらが至聖所（つまり、永遠の〈なんじ〉と交わる場所）に入るまえ――あるいは真理へおもむく茨の道の中途において――必要な浄化をほどこす場所であるならば、われわれは、こうした孤独を体験するために生れ出たといってもよいであろう。これに反して、もしも孤独が他の人々から孤立するための要塞ならば――われわれを待ち構えている〈なんじ〉のためでも、自分をためしたり、熟知するためでもなく、自分の魂の姿をひとりたのしむために、自分と話をする場所にすぎないならば――そのとき孤独は、真の精神をにせの精神へ変じてしまうであろう。それと同時にわれわれは、みずからのうちに神を持ち、また、神とともに語っているという思い上った想像をいだいて、最後の深淵におちこんでしまうであろう。

　事実においては、たとえ神はわれわれを包み、また、われわれのうちに宿ってはいても、われわれは自分のうちに神を持つことはできないのである。言葉がわれわれのうちで死んでしまわないかぎり、われわれは神とともに語ることができないのである。

＊

　現代の哲学者によれば、われわれは現在、神を信ずるか、さもなければ偶像を信じなければならないという。この場合、「偶像」とは、国家、芸術、権力、知識、金銭の獲得ないし「女性のつねにあらたな征服」等、本来有限なものを絶対化することである。もしもこの偶像を信ずるならば、われわれはそれによって神との直接的なまじわりを妨げられてしまう。ところで、この哲学者によると、偶像を「破壊する」ためには、われわれは偶像にうつつを抜かす人々にむかって、その善が、束縛された有限的なものにすぎないということを実証してやるにしくはない。そうすれば、邪道に迷い出でた人々の宗教的行為は、自然に正しい道に帰ってくるであろう、というのである。

いまこの哲学者の考え方をしらべて見ると、その前提をなすものは、「人間と、偶像としてあがめている有限な善との関係は、人間と神との関係とまったく同じであり、ただ、相手が違うだけだ」という思想である。つまり、この哲学者によると、まちがった関係の相手を、正しい相手と差し換えれば、人間はあやまちから救われるということになるのである。

しかしながら、事実はそうではない。なるほど今日、人間が、生活における最高価値の王座にすわり、みずから永遠不変と称する「ある特殊なもの」と関係を結んでいるのは事実である。しかし、これは人間がそういう〈それ〉、ものないし快楽の対象を体験し、かつこれを利用せんがためなのである。そして、その結果、われわれが神を求めようとする出口はふさがれてしまうのである。〈われ〉と神との通路をふさぐもの――これこそいかにしても突き破ることのできない〈それ〉の世界なのである。ただし、〈それ〉の世界の障碍を突き破って、われわれに神を志向させる新たな道を切り開く力をもったものが一つある。それは、〈われ〉―〈なんじ〉の関係である。

ひとは偶像を支配しようとして、かえって偶像に支配される。つまり、かれらは自分の欲望の虜となってしまう。そうなると、神に至る道はふさがれ、かれらは、目的ばかりか行動の本質まですっかり逆になってしまっている道を進まざるを得なくなるのである。物欲にとらわれたものは、〈われ〉―〈なんじ〉の関係を教えられ、それに目覚めたときはじめて救われるのであって、物欲の虜になったまま神にみちびかれるということは絶対にあり得ない。もしも、われわれが物欲にとらわれているならば、邪神の名を呼ばず、悪魔に顔をくまどられたものに向って祈らず、ひたすら神に向って祈ったところで、なんの意味もない。いや、そうすればするほど、ひとは神を瀆《けが》すことになるのである。これは偶像を祭壇の背後で粉微塵にくだき、汚れた祭壇の上に犠牲をうずたかくつんで神の御前にささげようとする、もっとも悪質の瀆神にひとしい。

男が女を愛し、その女の生命を絶えず自分の生命のうちに宿そうとこころみるときは、男はその女の眼に宿る〈なんじ〉に、永遠の〈なんじ〉のひかりを見出すことができる。しかし、「いつもあらたな女を征服しようとばかり望むもの」――このようなドンファンのあくなき情欲に、どうして永遠の神の幻があたえられるだろうか。さらにまた、国民が運命の焔の無限に燃えさかるのを感ずるとき、国民の犠牲となって危機に殉ずる英雄は、真に神について考えるひとといえるであろう。けれど、国家を神と同一視し、そのために、なにものを犠牲にしても恬《てん》としてかえりみないものは、（それはひとえに自分でえがいている幻を国家的な幻だと勘違いしているからなのだが）たとえ自分のしていることにどれほど嫌悪をおぼえたとしても、真理を認めることはできないのである。

あるいはまた、ひとが「無」の象徴たる金銭を、「あだかも神であるかのように」取扱うとき、それは一体何を意味するであろうか。けちやよくばりは、神の存在がわれわれにあたえるよろこびを感じとることができるであろうか。守銭奴は、自分が貯めた金銭に〈なんじ〉と呼びかけることができるであろうか。もしも守銭奴が〈なんじ〉を知らず、また〈なんじ〉と呼ぶことができなかったなら、どうしてかれらは神にたいして〈なんじ〉と呼ぶことができるであろうか。ひとは同時に二人のあるじに仕えることができない。かわるがわるに仕えることさえできない。われわれはなによりもまず、それぞれのあるじに仕える方法を学ばなければならないのである。

こうして、先に述べた哲学者のように、まちがった関係の相手を正しい相手と取り換え、それによって偶像を打破しようとこころみるものは、まちがった幻を「抱いて」、これを神と呼ぶであろう。しかし、永遠なる存在者としての神は、けっしてひとに「抱かれる」ものではない。まことに、ひとがみずから神を「抱く」と考えることほど、ものに「とらわれた」考えはないのである。「神を孕む」ものこそわざわいなるかな。

＊

ある人々は、「宗教的」人間を「この世となんの関係もむすぶ必要のないひと」、あるいは「あらゆる存在となんの関係もむすぶ必要のないひと」と定義する。なぜなら、かれらによると、宗教的人間にあっては、外部から規定される社会生活が内からはたらきかける精神的な力によってうちまかされるからだという。しかし、われわれは、ここでいう「社会生活」に、二つの根本的に異なった観念が結びついていることを見逃してはならない。その第一は、〈われ〉－〈なんじ〉の関係から築き上げられた共同体の生活、第二は〈われ〉－〈なんじ〉の関係を知らない人間の集団的生活、これである。後者は、人間的関係を失った近代人の実状がこれをよく示している。そこで、もしもわれわれが、冷い牢獄のような「集団的社会生活」から脱して、〈われ〉－〈なんじ〉の共同体に入ろうとのぞむならば、すべからく神－人の関係に見出されるのと同じ力に頼って、それを実現してゆくよりほかに方法がない。ところで、この共同体における人間関係は、他のさまざまな関係のうちの一つというわけではない。いや、それは、あだかもあらゆる流れが大海に注ぎ込み、しかもそこに流れこむ水は尽きることを知らないといったような、実に広大無辺な普遍的関係なのである。大河が海に注ぐとき、われわれはどこまでが川で、どこからが海か区別をつけようとはしない。むしろ、われわれはこのような、〈われ〉から〈なんじ〉へ通ずる流れ――淀むことなく、永遠に流れ来っては流れ去る真の生命の流れ――を見出そうとつとめるのみなのである。なんぴとも「〈われ〉と神との真の関係」と、「〈われ〉－〈それ〉とこの世との非現実的な関係」との二つを巧みに使い分けて、自分の生活を気楽に送ることはできない。われわれは一方において心から神に祈りを捧げると同時に、他方においてこの世から利益をむさぼることはできない。「この世は、自分の利益をあげる手段としてのみ存在する」と考えるものは、神をも自分の利益の手段としか考えないであろう。だから、かれらがあげる祈りは、自分の心の重荷をおろす身勝手な方法にすぎないのである。もしも虚空に耳ありとすれば、かれらの祈りはその耳をうつのみであって、それ以外、答えるものはなに一つないのである。このように、真に神なき人々とは、神を利用しようとする人々であって、それにくらべるならば、暗闇の地底からせまい窓を通して自分のノスタルジャをうったえ、また暗夜に「名なきもの」を呼ばわる「無神論者」は、けっして神なき人々とはいえない。

さらにある人々は、「宗教的」人間を「孤独な単独者として神の御前にあらわれる人間」と定義している。なぜかというと、かれらによれば、宗教的人間とは、この世の義務にしばられた「道徳的」人間よりはるかにすぐれた人間だからである。「道徳的人間」は、自己の行為にたいして責任を負う人間である。かれらは現実（すなわちあるもの）と、義務（すなわちあらねばならぬもの）との間の緊張によって束縛されている。かれらはこの束縛に悩んだあげく、われとわが心をズタズタに引き裂き、これを現実と義務とのあいだに横たわる絶対の間隙のうちに投げ込んでしまう。これに反して「宗教的人間」は、現実と義務の緊張から解放され、神とこの世のあいだの緊張を体験する。宗教的人間は、「責任感および自己への要求から生ずる不安を脱却すべし」という命令に従っている。なぜならば、「宗教の世界では、もはや自己自身の意志はおこなわれず、ただ神の正しい意志にたいする忠実な服従のみがおこなわれるから」である。かくて、あらゆる義務は、絶対者のうちに消滅し、たとえこの世は存在しても、その重要性は失われてしまう。というのは、宗教的人間は、よしんば個別的義務をこの世で果さなければならないにしても、それを義務としてではなく宗教的な

「無」としておこなうからである。……

宗教的人間を「孤独な単独者として神の御前にあらわれる人間」と定義する人々は、このようにいう。しかし、もしもわれわれが宗教的人間をこう定義するならば、それは、神が御みずから、この世を幻として、また、人間を狂人として、創造し給うたことになってしまうであろう。なるほど、かれらのいう通り、道徳的義務を克服しなければ、神の御顔に近づくことができないかもしれない。しかし、それは宗教的人間がこの世を超越したからではなく、実はそれだけ本当の意味で、この世に近づいたからなのである。まことに、道徳的義務は「見知らぬもの」に課され、愛とやさしさは、「親しく知るもの」にあたえられる。神の御顔に近づくものは、永遠によって輝き出されたこの世を完全に認め、「存在者中の唯一の存在者」なる神にたいし、ただ一言「〈なんじ〉よ」と答える。そうするともはや、神とこの世の間にわだかまっていた緊張はほどけ、絶対の現実がすべてを支配することとなる。もちろん、宗教的人間は責任から解放されているわけではない。ただかれらは、結果を絶えず気にしなければならないような有限的責任の拘束から脱して、無限の責任をまかされている。謎を秘めたこの世のあらゆる出来事を愛のうちに包容するという大きな責任を負わされているのである。だから、宗教的人間は神の御前にあるとき、かえって逆にこの世と深く同化することができるのである。

宗教的人間は、永遠に道徳的判断をすててしまった。そのために、宗教的人間からみた

「悪人」とは、罰をあたえられるべき道徳的な悪人ではなく、かえって宗教的人間にいっそう深い責任を感じさせるところの人間――換言すればかれらがもっと深く愛してやらなければならない人間――となった。

これはよくいわれることであり、またたしかに事実でもある。しかし、このことは、宗教的人間が死の訪れるまで、正しい行為をおこなおうとする決意――自分の根源から自発的に生じ、絶えずあらたにされるもの静かな決意――をおこなわないでよいということを意味しているのではない。それどころか、宗教的人間が、正しい行為にたいする決意から行動するならば、その行為は運命のように確乎たる目的を持ち、だれからも必要とされた行為――たとえていえば天地創造のような行為――をおこなうこととなるであろう。こうした行為は、もはやこの世にたいして外から強制された行為ではない。片々たる人間の恣意的行為でもない。それはまさに天地の理法に則して、この世に「自然に生じた」行為というべきであろう。

＊

いわゆる永遠の啓示が、いま、ここに示されたとしたら、それはどのような性質を有するものであろうか。それは、永遠の〈なんじ〉と〈われ〉とが出会ったとき、それ以前の〈われ〉とそれ以後の〈われ〉とはもはや同一の人間ではないということを、われわれに伝えるであろう。出会いの瞬間とは、受動的状態にある心が目覚め、やがて至福の状態に達するという「内面的体験」を味わうことではなく、むしろ出会いという決定的瞬間において、いままでにない、まったくあたらしい事柄がわれわれに起るということなのである。このとき起る事柄は、ある場合には軽いため息のこともあろうし、他の場合には取っ組み合いのこともあろう。しかし、なにかあたらしいことが起るのは事実である。ひとが、純粋な〈われ〉―〈なんじ〉の関係をむすびおわって、そこから脱け出たとき、そのひとのうちには、かれを形成しているすべてのものより、さらに多くのなにものかが存在している。そして、このなにものかは、ひとが〈なんじ〉と関係をむすぶ以前はもちろん、それ以後においても、どこから生じたのか正しくいい当てることのできないものなのである。われわれは得てして、この世のあらゆる現象を、因果律によって説明しようとするくせがある。だからこの場合にも、〈われ〉―〈なんじ〉の関係が生み出したあるあたらしいものの起源を、科学的に証明しようと躍起になる。しかし、たとえば科学者が「無意識」という重宝な理窟で、それをどのように科学的に証明しようと、それでは、事実を事実として考えてゆくことを目的とするわれわれを納得させることができない。起ったことはまさに、われわれがあらたな〈われ〉―〈なんじ〉の関係によって、いままでまったくなかったものをあたえられ、しかも、その事実をはっきりと知らされたということなのである。聖書はいっている「エホバをまちのぞむ者は新たなる力を得ん」[*15]と。また、つねに現実に忠実であろうとしたニーチェは、「われわれはあたえられたものをうけいれるが、しかしそれをあたえたものがだれか尋ねようとしない」と語っている。

この場合、ひとが「うけいれるもの」は、特殊な「内容」ではなく、まさに現存、あるいは力としての現存である。さて、この現存とその力は、三つの事柄を含んでいて、その相違ははっきりしていないけれども、次のように別々に考えることができる。

まず第一は、自分という存在が〈われ〉―〈なんじ〉の関係に高められたという意識、あるいは真の関係から生じた全体的な充溢感。関係はどのようにして生ずるか、われわれには説明できないし、またその関係がわれわれの生活をにわかに軽やかにしてくれるとも考えられない。いや、むしろ関係は、われわれの生活に意味をもたらすことによって、それをいっそう重々しくするともいえよう。

第二は、われわれが意味を、言葉では説明できないような仕方で実現すること。われわれが現存の力をうけいれると、意味はことごとく実現される。もはやなにものも、無意味なものは存在しない。だから、人生の意味を問うことは、必要ではなくなる。また、もしだれかがそれを問うたとしても、それに答える必要はない。なるほど、われわれは、ここでも依然として人生の意味をどのように言いあらわし、またどのように定義すべきか知らない。われわれは、人生の意義をあきらかにする公式も図式も持ち合わせてはいない。しかし、それにもかかわらず、人生の意味は、われわれの感覚的認識よりいっそう確実にわれわれにあたえられるのである。

では、ここで啓示された意味と隠された意味とは、われわれにどのような意図をもち、またわれわれにどうしてもらいたいと望んでいるのであろうか。意味は、われわれによって説明されることを望んではいない（また、上にも述べたように、われわれがそれを説明することもできない）。意味はまさに、われわれによって実現されることを欲しているのである。

第三は、この意味が、「来世の生活」ではなく、「現世の生活」の意味であること。彼岸の世界ではなく、此岸の世界の意味であること。――意味は、この世において、またこの世との関係においてのみ、実現されることを望んでいる。それだから、われわれは、意味を「体験」することができない。それを「うけいれる」ことができるのみである。そしてこれこそ、意味が望むことなのである。意味が「体験されること」を望まず、「実現されること」を望んでいるということ――これこそ、わたしが意味をうけいれるということの証拠なのである。しかし、わたしはこうした意味の実現を、普遍妥当的な「当為」の世界に移すことはできない。それは、われわれが意味を、万人の認める普遍的な教えにまとめ上げることができないのと同じである。意味をはっきりと規定して、これを石板にほりつけ、それを人々の頭上に飾ることは許されない。いや、われわれは、自分が受け入れた意味の真実さを、自分の生命と自分の行為の一回的な性質を通じて、実証してゆくよりほかに方法がないのである。われわれは、いかに詳細な規則をつくろうとも、それによって〈なんじ〉と出会うことはできないし、また、〈なんじ〉と別れることもできない。〈なんじ〉と出会うためには、唯一なる「現存者」が必要であり、また、〈なんじ〉と別れるときも、あらたな意味で唯一なる「現存者」が必要なのである。われわれは、〈なんじ〉と出会うときばかりでなく、〈なんじ〉と別れてこの世にもどるときも、ひたむきに〈なんじ〉に呼びかけなければならない。

こうして、われわれがその面前において生き、そのうちにおいて生き、また、そこに入りこみ、またそこから出てくることによって生きるところの〈なんじ〉という「神秘」は、われわれがそれと〈われ〉－〈なんじ〉の関係を結ぶ以前も以後も、なんの変りもなく存在する。なるほどこの神秘は、われわれと関係を結んだのちは、われわれにたいして現存するものとなろう。また、それと同時に、それがわれわれにたいして現存する限り、われわれの救済者であることをしらせ、またわれわれはその事実を「知ろう」。しかし、たとえそれを知っても、その知識は〈なんじ〉の神秘を弱めはしない。われわれは、いかに神のみそば近く達しても、存在の神秘のヴェールを剝ぎとって、その謎を解決することはできない。われわれは、この神秘に「救い」を感じることができるが、そこに「解決」を見出すことはできない。だから、われわれは、自分がうけいれた真理をもって他人に近づき、「きみもこれを知らなければならない、きみもこれをしなければならない」とせめたてることは許されない。いや、われわれはみずから進んでその真理を実現するようこころみるだけなのである。しかも、この場合、それをこころみることは、義務や当為ではなく、まさにわれわれにとってなし得る、あるいはどうしてもなさざるを得ぬものなのである。

——これこそ、いま、ここに示された永遠の啓示である。わたしは、啓示という以上、上述したような根本的特質を持たない啓示を知らないし、またそのような啓示を信ずる気持ちもない。わたしは神が人々の眼前でその御名をあかし、またみずから「神とはしかじかなるものなり」と定義するとは信じない。いや、神が永遠の啓示のうちに示し給う御聖言《みことば》は、「〈われ〉とはあるがままの〈われ〉なり」ということなのである。あらわれたものは、まさにあらわれたものである。存在するものは、まさに存在するものである。力の泉は永遠に流れ出で、まじわりは永遠に続き、声は永遠に叫ぶ。それ以外にはなにものもないのである。

＊

永遠の〈なんじ〉は、その本質からいって〈それ〉とはなり得ない。なぜなら、永遠の〈なんじ〉は制約された世界や計算ずくで成り立っている世界には実現されないからである。いやそれは、「はかることができない」世界や「制約のない」世界においてさえ、実現されないであろう。なぜならば、「はかることができない」世界とか「制約のない」世界とかいうのは、まだ「はかること」や「制約すること」から抜けきっていない世界のことだからである。われわれは、永遠の〈なんじ〉を諸々の性質の総和と考えてはならない。たとえその総和を、この世を超越した世界にまで高めていったところで、それによって永遠の〈なんじ〉を理解することは不可能である。なぜならば、永遠の〈なんじ〉は、この世のうちにも、この世のそとにも見出すことができないからである。だから、もしもわれわれが、「われ絶対者なる〈かれ〉の存在を信ず」というならば、絶対者なる〈かれ〉は消えてなくなってしまうであろう。なぜならこの場合、絶対者を〈かれ〉と呼ぶのはたんなる「比喩」にすぎないからである。これに反して、〈なんじ〉は絶対に「比喩」としては用いられない。

しかし、人間は本質上、絶えず永遠の〈なんじ〉を〈それ〉へと変じ、あるものへと変え、また神さえ一箇のものと化してしまわなければならないものである。しかもそれは、たんにわれわれの勝手な意志にもとづくことではない。いや、神は一箇のものと化して、客観的な歴史を織りなしてゆかねばならないのである。神はものと化してあらゆる宗教や、宗教の周囲にひろがる文化的諸領域にはいりこみ、光と闇の道を辿り、あるときは生命を高め、あるときは生命を破壊しつつ進む。こうして、神は、生ける神からものに転じ、さらにものから生ける神へと戻ってゆく。現存するものから形式や対象や観念に変じ、自分自身をバラバラに解体してのち、ふたたび復活するのである。しかも、この道は一本であり、一本に限る。このほかに他のいかなる道も存在しはしないのである。

既成宗教で説かれている教えと、定められているおこないとは、どうして生じたのであろうか。元来、あらゆる宗教は啓示によって成立している。言語によろうと、自然によろうと、あるいはまた魂によろうと、いずれにせよ、それらを通じてある種の啓示に訴えることによって成立している。宗教は啓示宗教以外には存在しない。それならば、現存的な啓示の力が人間にうけいれられると、どうして一つの「内容」にまで成り下ってしまうのであろうか。

その説明には、二つの場合がある。一つは、われわれが人間を歴史から取象して、人間存在そのものを考えるとき生ずる場合で、これは、外面的、心理的である。他は、歴史から取り出した人間をふたたび歴史のうちに戻すとき生ずる場合で、これは内面的、事実的ということができよう。宗教の根源的特質となるのはもちろんあとの場合である。ただし、上述した二つの場合は、離れ離れになっているのではなく、いずれも地層のように一つに重なり合って存在しているのである。

ひとは、神をもちたいと願う。しかも、時間と空間という制約のもとで神をもちたいと願う。上述したように、ひとは、言葉で言いつくし得ぬ仕方で意味を実現するだけでは満足できないのである。かれらは、このような意味をたえず手にとることができるよう――言葉で言いあらわすことができるよう――にのぞみ、またその意味が一つのものとして時空のうちに実現し、拡大してゆく様を見たいと願っている。換言すると、人間は空間におけるあらゆる点と、時間におけるあらゆる瞬間において、自分の生活を保障してくれるような、揺ぎのない連続を望んでいるのである。

連続にたいする人間の渇望は、〈われ〉－〈なんじ〉の関係における直接的な生のリズムでは満足されない。現実と可能の交替によっては満足されない――もちろん、可能の世界においては、現実の世界と違って、〈われ〉－〈なんじ〉の関係の力は減じ、現実性（それは神の根源的現存性のことではない）もなくなるのだが……。人間は、時間的延長――すなわち持続――を求める。その結果、神は信仰の対象となるのである。

もちろん、信仰が時間のうちに入りこんで間もないうちは、〈われ〉－〈なんじ〉の関係的行為は完全なものであろう。しかし時がたつうちに、この関係は客観化した信仰にとって代わられてしまう。そしてここに、〈それ〉への信仰が成立し、それが自己集中と〈われ〉－〈なんじ〉の関係を目ざすあたらしい運動《リズム》を止めてしまうのである。たとえば、人間が神に近いと同時に神から無限にはなれていることをわきまえている人々は、「それにもかかわらずわれ信ず」という。しかしこうした敬虔な宗教的態度は、やがて、「自分にはなにも変ったことは生じない。なぜならば、自分は、国家安泰、家内安全を受け合って下さる神さまのいることを信じているから」という利得本位の人間の確信に変ってしまうのである。

それればかりではない。連続にたいする人間の渇望は、〈われ〉－〈なんじ〉の純粋関係が人間生活に実現される仕方によっては――「〈なんじ〉の前にたつ〈われ〉の孤独」によっては――さらにわかりやすくいえば、出会いにおいてひとはこの世のすべてと関係をむすぶとはいうものの、神に近づき、神と出会うのは、結局〈われ〉ただ一人でなければならぬという掟によっては――満足させられない。われわれは、空間における広がりを求める。信仰をともにするものの集りが同じ神と結びついているという、確乎たるしるしを求める。神が礼拝や祭式の対象となるのは、まさにそのためなのである。祭式もまた、最初は〈われ〉－〈なんじ〉の関係を完全にするためのものであった。なぜなら、祭式とは「〈なんじ〉よ」と呼びかけるわれわれの直接的な言葉、つまり生ける祈りを、偉大な構成力を持つ空間に押し拡げ、祈りとわれわれの感覚的生活とを結びつけて、関係的行為を完成するものだからである。しかし、やがて個人の心の奥底から発する祈りが集団の祈りによってささえられず、かえってうちすてられてしまうようになると――あるいはまた、いかなる規則も認めようとしない個人の意志が、集団によって定められた規則的な信仰によって無惨に踏みにじられてしまうようになると――祭式も〈われ〉－〈なんじ〉の関係を破壊する力にかわってしまう。

しかし事実においては、〈われ〉－〈なんじ〉の純粋関係は、人間の生活に具体化されたとき、はじめて、時空における恒常性をもつようになるのである。われわれは〈われ〉－〈なんじ〉の関係をいつまでも止めて置くことができない。われわれはそれを実現し、その真理を実証することができるだけなのである。われわれは、全力をつくし、全生活をあげて神をあらたにこの世に実現してゆかなければならない。こうしてはじめて、自分と神とは正当な関係におかれ、連続は真に確実となるのである。まことに、連続が真に確実となる事実は、(一)〈それ〉が〈なんじ〉に変じて、〈われ〉－〈なんじ〉の純粋関係を成就するという点において、(二)またわれわれがこの世のすべての〈それ〉のうちに、神聖な根源語のひびきわたっているのを聞くことができるという点においてこそ、見出されなければならない。連続がこの境地に入ってはじめて、人間生活の時間は、ゆたかな現実へと高められる。そして、人間生活がどうしても〈それ〉との関係を清算し、〈それ〉から脱することができないにしても、〈それ〉が〈なんじ〉によって強くつらぬかれていたならば、〈われ〉－〈なんじ〉の関係は輝きあふれるほどの恒常性をかち得ることであろう。また、そうなったときには、〈われ〉が〈なんじ〉と出会う瞬間は、以前のように暗夜にひらめく閃光ではなくなり、むしろ星の燦《きら》めく澄みわたった夜空に、しずかにのぼりゆく月となるであろう。

さらにまた、空間における連続の確たる証拠は、真の〈なんじ〉にたいするわれわれの関係によってもあきらかになるであろう。真の〈なんじ〉とわれわれの関係は、円とその中心にたとえることができる。〈なんじ〉は円の中心であり、〈われ〉は円周上の一点で、この一点から中心に向って半径がひかれる。ここでもっとも大切なのは、円周を形づくっている人間の集団ではなく、無数の半径、すなわち中心とわれわれとをむすびつけている共通の関係――である。この半径――この共通な関係――こそ、人間社会の正しさを保証する鍵ともいうべきであろう。

こうして、〈われ〉－〈なんじ〉の関係から生まれた救いの生活に時間が生かされ、神なる中心によって統一された人間社会に空間が生かされたとき――またこの状態が継続したとき――はじめて、われわれの目に見えぬ祭壇のあたりに、精神が普遍的なアイオーンから作り出した人間の宇宙《コスモス》*16——人間の住み家なる世界——宇宙における人間の住み家——が、その限界と形態とをもって生じるのである。

〈われ〉と神とが出会うのは、〈われ〉が恍惚状態にいるためではなく、〈われ〉がこの世に意味の存在することを実証するためである。真の啓示は、人間を神に「召し出す」ばかりでなく、人間を神から「送り出す」特質をそなえている。ところが、われわれは得てして、神の啓示を実現せず、ただ神に「帰る」ことばかり考える。当然相手としなければならないこの世には背をむけて、神ばかり相手にしようとする。しかし、このような迂遠な方法によって、〈われ〉が〈なんじ〉にむすびつくことはできない。それではただ、ものの世界にあって〈それ〉の神をつくり出し、神を〈それ〉として認め、〈それ〉として語ることができるだけである。これはたとえば、自我のみ追い求めるものが、直接に知覚し情感せず、ただ知覚し、情感する〈われ〉を認めるにすぎず、結局現実の真理を把握することができないのと同じである。神のみ追い求めるものも、対象の相違をのぞいたら自我の追求者とまったく同様、かえって神を認める力を自在に働かせることができず、神の影ばかり追い求めて、結局神も、また神がわれわれに送ってくれた力も、いずれも見のがしてしまうことになるのである。

ところが実は、神はわれわれを自分のもとから「送り出した」ときでさえ、依然としてわれわれのうちに留っているのである。それだから、自分にあたえられたこの世の使命を真剣に果そうとするものは、かえって自分の眼前に神を見ることができるのである。ひとが自分の務めを忠実に果せば果すほど、神はそれだけ、その近くに降り給うのである。なるほど、われわれは直接神とまじわることができない。けれど、神と語り合うことはできるのである。

これに反して、この世における自分の使命を忘れて、神に「帰る」ことばかり願うひとは、神を一箇の客体としてあつかうにすぎない。こういうひとをはたから眺めると、いかにも神に近づいているように見える。しかし、実はかれらほど神から遠く離れているものはないのである。これとは違って、この世における自分の使命を完全に果そうとするひとは、神からいかに離れているように見えようとも、かえってそれだけ神に近づいているのである。なぜならば、この世でもっとも深遠な形而上学的運動は、自我の拡張と関係への逆転という、相反する運動によって形づくられており、また、これらの運動の葛藤と調和、分裂と結合のもっとも人間的な、また真に精神的な形態は、なによりもまず、人間と神との関係の歴史のうちにあきらかに示されているからである。ひとが関係へと逆転を敢行するとき、神の聖言《みことば》は地上に生まれ、ひとが自我の拡張にいそしむとき、神の聖言は「蛹《さなぎ》の時代」に入る。そして、ひとたびとき来れば聖言はふたたび生れかわり、あらたな翅を持って飛び立つのである。

ここでは、人間の勝手な意志は通らない。よしんば、〈それ〉への運動が極度に力を得て、〈なんじ〉へ戻ろうとする運動を抑えつけ、その息の根を止めてしまいそうになったときでも、人間の恣意は通らない。

もろもろの宗教の基礎をなす巨大な啓示は、いかなるとき、いかなる場所でも見出だせるような「沈黙の啓示」とよく似ている。宗団の創成にあたり、あるいは時代の転換期に際してあらわれる巨大な啓示は、まさに永遠の啓示である。しかし、この啓示は、それを受けたものを、煙突のように利用して、この世に下るのではない。いや、啓示は、他人とはまったくちがった個性を持つ預言者をとらえ、かれと一体になってしまうのである。啓示を伝える預言者の口は、あくまでもかれの「口」であって、けっして通話管ではない。だから、預言者がその口で啓示を「語る」とは、すなわち「調子を改める」ことにほかならない。

しかしながら、啓示のあらわれかたには、歴史上さまざまな時代に応じて、実にさまざまな質的差異が見出される。たとえば、あるときは、いままでまったくかえりみられなかった精神の真の要素が非常にはげしく、また非常に切迫したかたちをとってあらわれることがある。このような「成熟しきった」時代には、それにちょっとでも神の御手が触れようものなら、人間精神はただちに爆発する。こんな一触即発の時代におこなわれる啓示は、いままで人間が準備してきたすべての大切な材料をそのうちにとり入れ、それをことごとく溶かしこんで、それによってこの世におけるあたらしい神の形を作り出す。

こうして、歴史が経過するうちに——換言すれば、根源的な人間的要素がそのかたちをさまざまに変化してゆくうちに――この世と精神の領域にたえずあたらしい、神の姿を宿した形態があたえられてゆく。人間があらたな創造に従事する領域は、同時に、神が御みずからをあらわし給う領域ともなるのである。もちろん、この領域に作用する力は、人間の力ではない。神の力でもない。まさに「神と人とが一つに合した結果生じた力」である。啓示によって神から「送り出された」ひとは、自分の心の眼を通して神の似姿を見ることができる。神の似姿を見ることがいかに人間の感覚を越えた事実であろうと、とにかく神から「送り出された」ひとは、比喩的ではなく、まったく現実的な意味で、神の似姿を見ることができるのである。精神もまた、あらゆるものにかたちをあたえる視線にたいしては応答を怠らない。なるほど、われわれはこの世を離れて神を見ることはできず、神のうちにあってこの世を見ることができるのみではあるが、それにもかかわらず、われわれはこの世を見ることによって、永遠に神の御姿を作り出してゆくのである。

この意味からすれば、もののかたちは〈なんじ〉と〈それ〉とが一に合して生じたものということができよう。もちろん信仰においても、祭式においても、形式は枯渇して対象となる。しかし、こうして客観化した対象も、そこにひそむ関係の本質的特性によって、ふたたび〈なんじ〉に転ずることができるのである。同様に、神もまた、もしもわれわれがその御姿をむりにとりのぞいてしまわなければ、その御姿の近くに宿り給う。真の祈りのおこなわれるところでは、信仰と祭式とは一つになって生きた関係を結ぶ。宗教に真の祈りが生きているということは、とりも直さずその宗教が真の生命を有しているということである。真の祈りがあるかぎり、宗教は生きている。しかしそれとは反対に、祈りが堕落すれば、宗教もまた堕落するであろう。〈なんじ〉と結びつこうとする宗教の力は、次第に客観化作用の下積みとなり、ついには自己のすべてをあげて心から神を〈なんじ〉と呼びかけることができなくなるであろう。こうなってしまってから、もしもわれわれがふたたび神を真に〈なんじ〉と呼びかけたいと思うならば、すべからくにせの安全をすてて、現実への限りない冒険に立ち向わなければならない。大伽藍の飾りに心をうばわれて、蒼穹の果てしなさを忘れた社会から抜け出て、窮極的な孤独にとじこもらなければならない。ただし、もしもこのような衝動に駆られた人々が、自分たちの態度を「主観主義」と名附けるならば、これほどはなはだしい誤解はあるまい。なぜならば、神と〈われ〉とが直接にまじりあう生活こそ、唯一の現実的、「客観的」生活だからである。われわれがこうした生活を送ろうと決心するのは、夢か幻のように非現実的な〈それ〉の生活が、現実的、「客観的」な真理を破壊しないうちに、この真に実在する真理に頼って自己を救いたいと望むからである。主観主義は神から魂を抜きとってこれを空にし、客観主義は神を一つの対象と化してしまう。主観主義はあらゆるものをその根幹たる神から断ち切って遊離させ、客観主義はすべてにおもしをつけてこれを固着させてしまう。いずれも実在の道からはるかに離れ出でた迷いであり、またいずれも真の実在を他の代用品で間に合わせようとするはかないこころみにすぎない。

繰り返して述べるように、もしもわれわれが神からその御姿をむりにとりのぞいてしまわなければ、神はその御姿の近くに宿り給う。しかし、もしも宗教が空間のうちに拡がって、逆転運動を封じ、神からその御姿をうばってしまうならば、唇は色あせ、両手はだらりと下り、神の似姿は消え失せて、神御自身その御姿が分らなくなるであろう。またその祭壇のあたりに精神がつくり出した宇宙《コスモス》という名の人間の住み家はたちまちにして壊《つい》え去るであろう。これこそ、現代におこなわれている事実である。しかも人々は、今日かくも真理がそこなわれていながら、その事実を認めようとはしない。この不感症が、今日までに生じた重大な出来事の一端を形づくっているといえるのである。

神の聖言《みことば》は崩壊した。

聖言の本質は啓示にある。それはかたちが生命を保つうちは活動し、かたちが生命を失うと、その間は広く人々のうちに拡散する。

これこそ、永遠の聖言――歴史において永遠に現存し給う神の聖言――の往還《ゆきかえり》である。聖言生ける聖言が出現する時代とは、〈われ〉と世界の結びつきが復活した時代である。聖言が活動する時代とは、〈われ〉と世界の一致が保たれた時代である。また、聖言が広く人々の間に拡散する時代とは、〈われ〉と世界の関係が消滅し、現実が失われ、決定論的な宿命が人間を奴隷化する時代である。このとき、人々は偉大なおそれとおののきにとらえられ、眼前の暗澹たる闇に息をのみ、あらゆるものとの関係を断って絶対の沈黙に入る準備を始めるのである。
しかしながら、聖言が進む出現と活動と拡散の道は、けっして円を描いてはいない。いや、それは、発端と終末とを持つ道なのである。あたらしい時代がはじまるにつれて、宿命はいよいよはげしく人間を奴隷化しようとし、またその宿命にたいするわれわれの反撃はいよいよ破壊的となる。それと同時に、神の顕現はますます近づいてくる。存在と存在の間に横たわる領域に向って、われわれの真只中にひそみかくれている神の国に向って、〈われ〉と〈なんじ〉の間に横たわっているその場所に向って……。まことに、人間の歴史は、神へ近づこうとする神秘極まりない運動である。その行手にうねるあらゆる螺旋は、われわれを導いていよいよ甚しい横道にそらせるであろう。しかし同時に、それは横道から脱してもとに復帰しようとする根本的な逆転に、われわれを導くのである。この世の側からいう「逆転」も、神の側からいえば、まさに「救い」にほかならない。

訳　注

＊1　「われと父とは一なり」ヨハネ一〇の三〇参照。
＊2　シャーンディルヤはインドのウパニシャッドの哲人。年代および伝記は不明。かれは万有の真理を梵とよび、梵はまたわれわれの本来の自己、すなわち我なりと説いた。そして、このような梵と死後に合一することによって解脱が実現すると主張した。このように、かれはインド哲学史上最初に梵我一如を明確に説いた哲人として、その説は後世ヴェーダーンタ学派に重んじられた。なお、チャーンドーグヤ・ウパ

ニシャッド三の一四参照。

＊3　「この一切（＝宇宙）はこれを本性とする状態なり。そは真実なり、そは我なり、なんじはそれなり」上掲書第六篇参照。

＊4　「見聞すること」ペトロ後書二の八参照。

＊5　「自分より偉大な」ヨハネ一〇の二九参照。

＊6　パラチェルズス〔Paracelsus〕はルネサンス期のスイスの医学者、化学者。一四九三年アインジーデルンに生れ、一五四一年ザルツブルクに歿す。全宇宙を一つの生きた全体と考え、秘術によって自然をとらえることを主張した。

＊7　チャーンドーグヤ・ウパニシャッド八の一一。いまこの引用文に相当する原典の邦訳文を掲げると「……『もし人、全く眠に入りて静安に帰し、夢をも見ざるに至れるもの、即、これ我《が》なり。』彼更に曰・『これ即、不死なり、不畏なり。これ即、梵なり。』彼《かれ》帝釈天（インドラ神）はその時寂静に帰したる心となりて出去れり。されど未、諸神の許に達せずして、又この不安を感じたり。『実にかくの如き状態に入れるものは真に我《われ》を知らず、即、これこそ、予なれと知ることなし。又此等の有類をも知らず。彼は消滅に入れるなり。予はここに何等の所得を見ず。』彼は薪を手にして再、帰来れり。生主（プラジャーパティ）彼に問ふて言へり、『善施者、儞は寂静に帰したる心となりて出去れり。今、何を望みて再、帰来れるや。』彼曰・『福ある卿、実にかかる状態に入れるものは真に我を知らず、即、これこそ、予なれと知ることなし。又此等の有類をも知らず。彼は消滅に入れるなり。予はここに何等の所得を見ず。』生主曰・『善施者、この我は実にかくの如し。されど予は儞に、更にこれを教ふべし。而かもこれより外に別にあるにあらず。更に五年梵行に住すべし。』彼は更に五年間住したり。併せて百一年に満つ。故に、これを人々が『善施者は実に百一年間生主の許に梵行に住したり。』と云ふなり」（ウパニシャット全書、三、宇井伯寿訳二一七―二一八頁による）。〔『世界聖典全集』「ウパニシャット全書」三、高楠順次郎監修、「チ

ヤーンドーグヤ・ウパニシャット」宇井伯寿訳、世界文庫刊行会、一九二二年）

*8　後期ヴェーダーンタ学派によれば、絶対者（すなわち我の本質）は有（実在）、知（意識）および歓喜 sac-cid-ānanda と定義された。

*9　ウダーナ（自説経）八には次のように記されている。世尊はこのことを知りてこの時優陀那を唱えたまえり。「比丘等よ。生ぜざるもの、あらざるもの、造られざるもの、作為されざるものあり。比丘等よ。もし生ぜず、あらず、造られず、作為されざるものあらざれば、そこには生ぜるもの、あるもの、造られたるもの、作為されたるものの出要はこれあらざるべし。比丘等よ。生ぜず、あらず、造られず、作為されざるものあるが故に生ぜるもの、あるもの、造られたるもの、作為されたるものの出要これあるなり、と」。

*10　つまり仏教でいう四無量心（慈悲喜捨）のこと。

*11　弥勒菩薩は大小乗種々の経典にあらわれる菩薩の名で、観世音とならび仏教徒の信仰の対象としてもっとも有力な菩薩の一つ。昔は南インドのバラモンであったが兜率《とそつ》天に上生して現にそこに住し、未来はこの世に下降して釈迦仏の地位をついで補い、永恒の期間かわるがわる出世する一千仏中の第五仏となると信じられている。その出世時代は釈尊滅後五十六億七千万年で、そのときの人間の寿命は八万歳であるという。

*12　これはつまり仏教でいう四諦《したい》（四つの真理）で、それには苦集滅道がある。苦諦とは凡夫の生存は苦なりという真理、集諦とは、凡夫の種々なる苦悩は煩悩、とくに渇愛にもとづくという真理、滅諦とは渇愛を滅し、苦を滅した涅槃がすなわち解脱の理想境であるという真理、道諦はこの苦の滅にみちびく修道法が八聖道（正見、正思、正語その他）にあるという真理をそれぞれさしている。

*13　たとえば、パラディソ〔天国篇〕一の一に La gloria di *colui*, che tutto move, Per l'universo penetra, e risplende In una parte più, e meno altrove（万象をうごかすかのものの栄光は宇宙を貫

き、ある部分には強く、他の部分にはささやかに燿く)。なおダンテは「このもの」のかわりに「他のもの」altroという言葉で神を語ることもある。これらはいずれもダンテが神をとうとぶあまり、直接神という字を使わない細工というようにも考えられる。

＊14　シメオン　東ローマ帝国のキリスト教的神秘思想家。「あたらしい神学者」と呼ばれた。その教えは、神の内在と、神聖な「静安」の体験とを中心とし、東方教会の信仰に多くの影響を残した。九四九年に生れ、一〇二二年三月十二日に歿。

＊15　「エホバをまちのぞむ者は新たなる力を得ん」イザヤ書四〇の三一。

＊16　アイオーンはギリシャ語でもと人間の一生、一世代、一時代、あるいは宇宙の一週期などを意味したが、用法によっては永遠をも意味することがあった。グノーシス派の用いるアイオーンはまさにこの意味で、かれらは神を完全なアイオーンと呼び、それから流出した神性と永遠性にあずかる実体をそれより低いアイオーンと呼んだ。ここではあとの方の意味に近く、宇宙に遍在する永遠普遍の神的な質料と解することができよう。

資料　あとがき〔一九六二年〕

訳：佐藤貴史

*ここに訳出したのは、Martin Buber, *Werke, Erster Band: Schriften zur Philosophie* (München: Kösel-Verlag; Heidelberg: Verlag Lambert Schneider, 1962), S. 161-170 に所収されている『我と汝』の「あとがき（Nachwort）」である。この「あとがき」は一九二三年の初版にはなかったもので、ブーバーは一九五八年に刊行された『我と汝』（彼の八〇歳の誕生日を記念した特別版）にはじめて「あとがき」を付し、その後、右記の著作集に収めた。一九五八年版と一九六二年版には若干の違いがあるが、ここでは一九六二年版を底本として用いた。なお、文中の〔　〕は訳者による補足を示す。

この「あとがき」はすでに日本語に訳され、それぞれ次の書籍に収められている。

『ブーバー著作集』第一巻「対話的原理」Ⅰ（田口義弘〔訳〕、みすず書房、一九六七年）

『我と汝・対話』（植田重雄〔訳〕、岩波書店（岩波文庫）、一九七九年）

訳出にさいしては、これら二つの邦訳から多大な恩恵を受けた。心より感謝申し上げたい。

1

本書の最初の草稿を〔四〇年以上も前に〕作成したとき、ある内的必然性がわたしを突き動かしていた。青年時代からくり返しわたしを悩ませては、くり返し曇って見えなくなっていた一つの視点が、そのとき確固とした明晰さに到達したのである。この明晰さはまぎれもなく超個人的な性質に関わるものだったがゆえに、わたしはそのために証言をするべきだとすぐにわかった。わたしは適切な言葉を獲得し、おそらく最終的なかたちで本書を書き記すことができた。その後、しばらくすると補足されるべき点がまだかなりの数あるものの、それは固有のふさわしい場で、独立した形式においてなされるべきだということが明らかになった。こうして〔本書よりも〕小さな著作がいくつか生まれた。これらの著作は、一部は重要な視点を実例をもって明確にし、一部は反論の誤りを論証するためにその視点に説明を加えた。また一部は、その視点が大切なものを負っているにちがいないが、しかしわたしの本質的関心事、すなわち〈神との関係〉と〈共にある人間（Mitmensch）との関係〉の密接な結びつきが、その中心的な意義として理解されていない見解に対しても批判をした。のちに人間学的根拠に基づいて、あるいは社会学的結論によって、さらなる指摘をつけ加えている。しかし、それにもかかわらず、すべてがけっして十分な仕方ではまだ解明されていないことがはっきりした。あれやこれやと考えられているものを尋ねるために、読者は何度もわたしに問い合わせてきた。長いあいだ、個々の読者にそれぞれ答えてきたが、次第にわたしは読者の要求に公正に対応できていないことに気づいた。そのうえ、話すことを決心した読者だけに対話的関わりを限定することはわたしには許されない——おそらく沈黙している者のなかにこそ、特別な顧慮を受けるにふさわしい者たちがたくさんいるだろう。そこでわたしは、さしあたり意義深くお互いに関連しあっているいくつかの本質的問いに対して、公に答えることに着手しなければならなかった。

2

最初の問いは、いくぶん正確に言えばおよそ次のように表現できる。すなわち、本書で述べられているように、もしわれわれが他の人間だけでなく、自然においてわれわれに向かい合ってくる生物や事物とも、〈われ〉－〈なんじ〉の関わりのなかにあることができるならば、人間と、生物ならびに事物とのあいだにある真の相違を形成するものとは何か。あるいは、さらに正確に言えば、もし〈われ〉－〈なんじ〉の関わりが〈われ〉と〈なんじ〉の両者を事実的に包含する交互性（Wechselseitigkeit）を前提としているならば、自然的なものとの関係はいかにしてそのような〔交互性の〕関わりとして理解することができるのか。もっと厳密にいえば、もしわれわれが、われわれの〈なんじ〉として出会う自然の生物や事物もまた、われわれにある種の相互性（Gegenseitigkeit）を与えていることを受け入れなければならないならば、その場合、このような相互性の特徴とは何であり、このような根本的な概念を、自然の生物や事物に適用する権利をわれわれに与えているものとは何か。

明らかに、この問いに対する統一的な答えはない。ここでわれわれはいつもどおり自然を一つの全体として把握する代わりに、自然の異なる区域を個別に観察しなければならない。人間はかつて動物を「飼いならしていたし」、いまなお特有のこの影響力を行使する能力をもっている。人間は動物をみずからの環境のなかに引き入れ、動物にとって異質な存在である人間を原始的な仕方で受け入れて、「人間の相手をする」気になるように向かわせる。人間は、〔動物に〕接近したり話しかけたりした時、しばしば驚くほど活き活きとした返答を動物から得る。しかも一般的にその人間の関わりが真の〈なんじ〉を言うものであればあるほど、返答は力強く直接的である。たしかに子どもと同様、動物が見せかけの優しさを見抜けることは珍しくない。しかし、〔動物を〕馴致《じゅんち》する区域の外でも、ときおり類似した接触が人間と動物のあいだで起こる。すなわち、そこで問題となっているのは、動物に対する潜在的協力関係をその存在の根本においてもっている人間であり——さらには、それは主として「動物的」人格ではなく、むしろありのままの精神的人格である。

動物は、人間のように、二重的（zwiefältig）ではない。つまり、他の存在に向かったり、諸々の対象を観察したりすることが動物にもできるのだが、〈われ〉－〈なんじ〉と〈われ〉－〈それ〉という根源語（Grundwort）の二重性（Zwiefalt）は動物にとって異質である。それでも、われわれはここに二重性が隠れていると言ってもよい。したがって、われわれが生物に向かって〈なんじ〉を言うことを考えてみた時に、われわれにはこの領域を相互関係（Mutualität）の敷居と呼ぶことが許される。

われわれが動物と等しくもっている自発性を欠くような自然の範囲では、事情はまったく異なっている。植物がみずからに対するわれわれの行動に反応できないということ、植物が「返答」できないということは、われわれの植物概念の一部である。しかし、これはいかなる種類の相互作用（Reziprozität）も、われわれにまったく与えられていないということを意味しない。もちろんここには個別的存在の行為や態度はないが、しかし存在それ自体の相互作用、まさに存在しているものの相互作用がある。あの樹木の活き活きとした全体性と統一性は、単なる調査者がもつどんなに鋭いまなざしの言いなりにもならないが、〈なんじ〉を言う者のまなざしには開かれるのであり、〈なんじ〉を言う者がそこにいるときにこそ、まさにその全体性と統一性もそこにある。〈なんじ〉を言う者は樹木に対して、その活き活きとした全体性と統一性を明らかにすることを認め、存在する樹木はそのとき全体性と統一性を明らかにする。われわれの思惟の習慣ゆえに、われわれの態度によって呼び覚まされ、そのさい存在者の側から何かがわれわれの方に向かって急に輝きだすという洞察をもつことは難しい。問題となっている領域では、われわれに開かれてくる現実性に対して偏見なく公正であることが大事である。わたしはこの石ころから星々にまで達している広大な領域を前敷居の領域、すなわち、敷居の前におかれている階段の領域として示したい。

3

さて、同じように比喩的な言葉を使えば、「超敷居（Überschwelle, superliminare）」、すなわち戸口のうえを覆っている梁《はり》の領域、言い換えれば精神の領域と称されるかもしれない領域への問いが生じる。

この場合もまた、一つの区別が二つの範囲のあいだに設けられなければならない。しかし、ここでの区別は自然の内部の区別よりも深いところに達している。それは一方では精神においてすでに世界に入り込み、われわれの感覚を媒介に世界のなかで知覚できるものと、他方ではいまだ世界に入り込まないが、その準備は整っており、やがてわれわれに対して現前するようなもののあいだの区別である。このような区別は、わたしの読者よ、わたしはあなたに対してすでに世界に入り込んでいる精神的形態をいわば指し示すことはできるが、そうではないものにはそれができないという事実のなかに根拠づけられている。わたしはあなたに対して、自然の事物あるいは生物に劣らず、われわれに共通する世界のなかで「現に存在している」ような精神的形態を、現実性あるいは可能性のなかであなたが近づきうるものとして指示できる――しかし、いまだ世界に入り込んでないものを指示することはできない。ここでもまた、もしさらにこのような限界領域に関して、一体どこで相互関係を見つけることができるのかと問われても、わたしはただ次のようなことを間接的に示唆するにとどまるしかない。すなわち人間の生のなかには決定的であるがほとんど言い表すことのできない出来事、出会いとしてそこに精神が生ずるような出来事があるのだ、と。そして、結局のところ間接的なものでは不十分ならば、わたしの読者よ、あなた自身の――埋められてしまっているかもしれないが、しかしいまなお手の届く秘密の証言に訴える以外、わたしにはもはや何も残されていないのである。

では、あの最初の領域、「現に存在しているもの」の領域へ戻ろう。ここでは実例を引き合いに出すことができる。

質問者は、ある数千年前に亡くなった師について伝承されている言葉の一つをありありと思い浮かべてほしい。そして、うまくできると思うが、今度は耳でもってその言葉を、質問者のそばにいる語り手によって話された言葉として、しかもまさにその質問者に向けて話しかけられた言葉として受け入れ、受け止めてみてほしい。そのために質問者はみずからの存在全体でもって、現に存在している言葉を発した、現に存在していない語り手の方を向かなければならない。すなわち、彼は死者にして生ける者である師に向かって、わたしが〈なんじ〉を言うことと呼ぶ態度を取らなければならない。もしうまくいけば（もちろん意志と努力では十分ではないが、くり返し試みてみることはできるだろう）、彼はおそらく最初はただぼんやりとしているが、一つの声が聴こえるようになり、それと同一の声が同じ師のこれまでとは異なる真の言葉のなかから彼に向かって鳴り響くだろう。質問者がその言葉を一つの対象として扱っていたうちにはできたことが、その時はもはやできないだろう。つまり、質問者はその言葉から内容やリズムを選り分けて取り出すことができず、語られたことの分割できない全体性だけを受け取る。

ところで、この実例は一つの人格と、その人格がみずからの言葉のなかでその都度告知したものとまだ結びついている。しかし、わたしが考えていることは、一つの人格をもってそこに存在する者が、その言葉のなかで影響を及ぼし続けることに限定されない。それゆえ、わたしは補足のために、もはや人格的なものが何も付着していない実例を一つ示さなければならない。いつものように、多くの人々にとって強い思い出と結びついている一つの実例を選ぼう。それはドーリア式円柱である。たとえどこであっても、円柱の方を向く能力があり、その準備が整っている人間に対して円柱はその姿を現す。まず円柱はシュラクサイにある教会の壁からわたしの方へ立ち向かってきた。当初、円柱は教会の壁に嵌《は》め込まれていた。すなわち、円柱にある個別の部分は、何一つ注意深く吟味することも、享受することもできないほど単純な形態で描かれている秘密の根源的基準〔である〕。わたしが為すべきこととして為しえたのは、次のことだった。そこにあるこの精神的形態、つまり人間の感覚と手を通り抜けたものであり具体的に生命的身体をもつものとなったものに向かい合って、立ち位置をとって、それを保持することである。ここでは相互関係の概念は消滅するのだろうか。〔そうではなく〕その概念はただ暗闇のなかに戻って姿を消すだけである——あるいは、それはある具体的な事態に変化し、概念性が寄りつかないように指示を出すが、しかし明るく信頼できるものとなる。

ここからわれわれはあのもう一つの領域、「現に存在していないもの」の領域、「精神的実在性」との接触の領域、言葉と形相が発生する領域をも遠望することが許される。

言葉となった精神、形相となった精神——精神が触れ、精神に対してみずらかの心を閉ざさない者であればだれでも、何らかの程度において次のような根本的事実について知っている。すなわち、このようなこと〔言葉となった精神、形相となった精神〕は種が蒔かれずして人間世界で芽生えたり成長したりすることはなく、人間世界と他者との出会いから生じるのである。これはプラトン的理念（これについてわたしは直接的な知識をまったくもちあわせていないし、わたしはそれを存在者として理解することもできない）との出会いではなく、われわれの周りを風のように吹き、われわれに吹き込んでくるような精神との出会いである。ふたたびわたしはニーチェの風変わりな告白を想起させられるだろう。ニーチェは「霊感」という事象をこう言い換えている。人は受け取る。しかし、そこで誰が与えるかを、人は問わない。とにかく——人は問わないが、しかし感謝する。

精神の息吹を知っている者は、もしその人が精神をわがものとし、その性質を突き止めたいと思うならば、過ちを犯すことになる。しかしまた、もし彼が賜物をみずから自身に帰する場合も、不誠実なことを行っていることになる。

4

ここで自然的なものとの出会いや精神的なものとの出会いについて語ってきたことを、一つにして新たに考察してみよう。

次のように問われるかもしれない。存在の諸秩序を考察するさい、はたしてわれわれは、自発性と意識を認めるあらゆるものの外部からやってくる「返答」あるいは「語りかけ」を、われわれが生きている人間世界のなかでの返答あるいは語りかけと同じように生起するものとして語ることは許されるのか。「擬人化的な」隠喩とは別の妥当性の方が、ここで語られたものにふさわしいのか。この場合、あらゆる合理的認識によって引かれており、また当然の帰結として引かれるべき境界線を消し去ってしまうような、問題含みの「神秘主義」の危険が迫っていないだろうか。

〈われ〉－〈なんじ〉の関わりの明晰で確固たる構造は、とらわれのない心と、〈われ〉－〈なんじ〉の関わりを築く勇気をもつ者すべてにとって信頼に値するのであり、それは神秘的性質をもったものではない。われわれは、この構造を理解するために、ときにはわれわれの思惟の習慣から歩み出なければならないが、現実性に関する人間的思考を規定する根源的規範（Urnormen）から出てはならない。自然界と同様に、精神界においても——言葉や作品のなかで生き続ける精神界、そして言葉や作品になろうとする精神界においても――われわれに対する作用は存在者からやってくる一つの作用として理解されてもよいのである。

5

次の問いで問題となっているのは相互関係の敷居、前敷居、超敷居ではもはやなく、われわれがそこにいるような入り口にある戸口であり、そのようなものとしての相互関係それ自体である。

問われているのは次のことだ。すなわち、人間のあいだにある〈われ〉－〈なんじ〉の関わりの実態とはいかなるものか。はたしてこの関わりはつねに十全な相互性のなかにあるのか。つねにそうありえて、つねにそうあることが許されるのか。あらゆる人間的なものと同様に、〈われ〉－〈なんじ〉の関わりはわれわれの不十分さによる制限に委ねられており、しかもわれわれの共同生活の内的法則による制限の下におかれているのではないのか。

いやむしろ、このような二つの障害のうち、最初のものは十分に知られている。あなたを必要としながらも訝《いぶか》しげに注視してくるあなたの「隣人」の目に、あなた自身が来る日も来る日も視線を向けることに始まり、何度も偉大な贈り物を虚しく差し出した聖者たちの悲哀にいたるまで――すべてのことがあなたに、十全な相互関係は人間の共同生活に内在していないことを告げている。相互関係は恩寵であり、それを受けるにはつねに準備が整っていなければならず、人はその恩寵を保障されたものとして獲得することはけっしてない。

しかし、こうした性質において持続するということならば、その性質上、十全な相互性に発展することが許されない〈われ〉－〈なんじ〉の関わりもかなり存在する。

そのような関わりとして、わたしは別の箇所で[1]真の教育者とその弟子との関わりの特徴を描写した。教え子の存在のなかにある最善の可能性が実現されることを助けるには、教師は教え子を潜在性と現実性をうちにもった明確な人格だと思い考えなければならない。より正確に言えば、教師は教え子を諸々の性質、欲求、ためらいの単なる総体として知るのであってはいけない。彼は教え子を一つの全体として知覚し、その全体のなかで教え子を肯定しなければならない。教師がこのことを達成できるのは次のようなときのみである。すなわち、彼が一つの両極的状況のなかで、みずからのパートナーとしてその都度、教え子と出会うときのみである。そして、教え子に対する教師の影響が統一的に有意味な影響であるには、教師はその都度、この状況を自身の極からだけではなく、彼に向かい合っている者の極からもまた、瞬間ごとに体験しなければならない。彼はある種の現実化（Realisation）を行わなければならず、わたしはそれを包含（Umfassung）と呼んでいる。とはいえ、教師が弟子のうちにも〈われ〉－〈なんじ〉の関わりを引き起こし、それゆえ弟子も同様に教師を明確な人格として思い考え、肯定することが重要ではあるが、もし弟子が彼の側でも包含を行い、したがって共通の状況における教育者の役割を体験するならば、特殊な教育的関係は存続しえないだろう。こうなったうえは〈われ〉－〈なんじ〉の関わりが終わりを迎えようと、あるいは友情というまったく別様の性質がその姿を現そうと、特殊教育的な関係そのものにおいては十全な相互関係が拒まれていることが示されている。

相互関係を規則的に制限しようとする、有益さでは見劣りしないもう一つの実例が示されるのは、真の精神療法医とその患者のあいだにある関係である。もし精神療法医が患者を「分析する」こと、すなわち患者のミクロコスモスから無意識的な諸要因を明るみに出し、そうして引き出されたものによって変化したエネルギーを意識的な生活活動へ移すことで満足するならば、患者はかなりうまく回復するかもしれない。もっとも功を奏した場合、精神療法医は、散漫で構造を欠いた魂がかなりの程度、心を落ち着けみずからを整えることができるようにその力を貸すかもしれない。しかし、ここで彼に本来課されているもの、すなわち委縮した人格中枢の再生を、精神療法医が果たすことはないだろう。このような再生を果たすことができるのは、苦しむ魂のなかに埋められ隠されている統一性を医者のすぐれたまなざしでもって把握する者だけである。そして、これは人格が人格に対して、パートナーとして向かい合う態度のなかでのみまさに達成可能であり、一つの客体を観察し診察することによってではない。人格と世界の新たな協調のなかで、苦しむ魂の統一性を解放し現実のものとすることを一貫して促進するために、精神療法医は教育者と同様にその都度こちら、すなわち両極的関係における自分の極だけでなく、現前化の力とともにもう一方の極にも立ち、自分自身がとっている行動の作用を経験しなければならない。とはいえ他方で、患者の側も包含を行い、医者の方の極からも出来事を体験しようと思い、それに成功した瞬間、特殊な関係すなわち「治療的」関係は終わりを迎えるだろう。教育と同様、治療ができるのは、対向しながらしかし距離を保って生きる者だけである。

相互関係を規則的に制限することは、聖職者の実例においてもっとも強調的に説明できるだろう。なぜなら、この場合、相手側から包含されることは聖職者に委託されている宗教的真正性を侵害することになるからだ。

一方の側が他方の側へ目的をもって作用する、そのようなものとして特殊化される関係の内部にあるすべての〈われ〉－〈なんじ〉の関わりは、それが十全にならないように課されている相互関係に基づいて存続している。

6

これに関連して、もう一つだけ検討すべき問いがある。その問いは、もっとも重要であり比較を絶しているがゆえに検討されなければならないものである。

それは、このように問われる。いかにして永遠の〈なんじ〉は、関係のなかで専一的であると同時に包括的でありうるのか。神に対する人間という〈なんじ〉の関わりは、何ものによっても方向を変えられることなく無条件で神に向けられることを前提とするが、それにもかかわらず、このような人間のあらゆる他の〈われ〉－〈なんじ〉の関係をともに包括し、それをいわば神のもとへもたらすことがいかにして可能なのか。

忘れないでほしいのだが、ここでは神のことが問われているのではなく、ただ神に対するわれわれの関係が問われているのである。しかし、そうは言っても〔この問いに〕答えるために、わたしは神について語らなければならない。なぜなら、神は対立を超えたものとしてそのようにおられるがゆえに、神とわれわれの関係も対立を超えたものとしてそのようにあるからである。

もちろん、人間との関係において神とは何であるかということについて語ることしかできない。そして、このことはまた逆説のなかでのみ言い表すことができる。より正確に言えば、概念の逆説的使用によって、さらに正確に言えば、われわれがよく知っている内容とは矛盾する形容詞と名詞概念の逆説的結合によってのみ言い表すことができる。これは矛盾だとする主張は、このように、ただこのようにのみ〔逆説的に、ただ逆説的にのみ〕こうした概念を通じて〔神という〕対象を、不可欠な仕方で表示することの正当性を証明できるという洞察に席を譲らなければならない。概念の内容は根本的に変化し、変形しながら拡大される――しかし、信仰の現実性によって促されながら、われわれが内在性から取り出し、超越性の働きへと適用するあらゆる概念はまさにこのように拡大される。

エックハルトのような神秘主義者はときに「存在」と神を同一視するけれども、わたしのように「神」でもって原理を考えない者、あるいはまたプラトンのような哲学者はときどき神を一つの理念とみなすことができたけれども、わたしのように「神」でもって理念を考えない者、いやもっと正確に言うと、わたしのように「神」でもって——さらに他の何かであるとしても——創造、啓示、救済の行為においてわれわれ人間に向かって一つの直接的な関係へと歩み入り、それによってわれわれをして神に向かう一つの直接的な関係へと歩み入ることを可能にする者を考えるあらゆる人々にとって、神を一つの人格として言い表すことは避けることができない。相互性が人格のあいだでのみ存続できるように、われわれがそこに存在していることの、そのような根源と意味はつねに相互関係を構成する。人格であることという概念によって神の存在を完全に表示することはもちろんできないが、神は一つの人格「でも」あると言うことは許されるし必要である。もしわたしが、このような仕方で理解できるものを例外的にある哲学者、すなわちスピノザの言葉に翻訳しようと思うならば、無限に多くある神の属性のうち、われわれ人間が知っているのは、スピノザが考えているように二つではなく、三つであると言わなければならないだろう。つまり、精神的属性——そのなかにわれわれが精神と呼んでいるものの根源がある——と自然的属性——自然としてわれわれに知られているもののうちに具現している——につぐ、三番目のものとして、人格であることという属性である。これに、この属性に、わたしが、すべての人間が、人格であることと自ことという属性である。ちょうど先の二つの属性に、わたしが、あらゆる人間が、精神であることと自が由来する。

然であることが由来するように。そしてこの三番目、すなわち人格であることという属性だけが、属性としての資格において直接われわれに認識されうるのである。

さて、誰でも知っている人格という概念の内容を引き合いに出すと、次のような異議が述べられる。その説明によれば、たしかに人格の独自性はそれ自体のうちに存するが、しかし全体において人格は他にもある複数の人格の独自性によって相対化されるのであり、これは人格にとって当然のことであろう。それゆえ、言うまでもなく、人格でもって神について語ることはできないだろう、と。このような異議に対しては、神は絶対的な人格である、すなわち相対化できない人格であるとして、逆説的に神を言い表すことで返答する。われわれとの直接的な関係のなかへ、神は絶対的な人格として歩み入る。異議は高次の洞察に席を譲らなければならない。

神は人間に向かって歩み入るような関係のなかへ、みずからの絶対性を――いまわれわれにそう言うことが許されるならば――ともに迎え入れる。それゆえ、神の方に振り向く人間は他の〈われ〉－〈なんじ〉の関係に背を向ける必要はない。すなわち、正当にも人間はあらゆる〈われ〉－〈なんじ〉の関係を神のもとへもたらし、その関係を「神の御顔の前で」輝かしいものとすることができる。

しかし、神との対話、つまりわたしが本書やその後に続いたほとんどすべての書において語らなければならなかった対話を、日常の外であるいは日常を越えたところでのみ起きるものとして理解することにはとりわけ注意しなければならない。人間に対する神の語りかけは、われわれ自身のうちのそれぞれの生における出来事、われわれの周りにある世界で起きるあらゆる出来事、生涯に関わるすべてのものや歴史に関わるすべてのものに浸透し、これらのことをあなたとわたしにとっての導き、要請とする。出来事に次ぐ出来事、状況に次ぐ状況は〔神の〕人格の語りかけによって、人間の人格に関する確固たる立場と決断を要請する力や権限を与える。何も聴きとることができないと、われわれはあまりに頻繁に思うが、久しく以前からわれわれはみずから耳に蠟を突っ込んでいたのである。

神の存在が証明不可能であるように、神と人間のあいだに相互関係があるということも証明不可能である。それにもかかわらず、その相互性の存在についてあえて語る者は、証言をしているのであり、現在の証言であれ将来の証言であれ、彼が語りかける者たちに証言をするよう呼びかけているのである。

エルサレム　一九五七年一〇月

（1）「教育論（Über das Erzieherische）」、七八七頁以下を参照せよ〔Martin Buber, *Werke, Erster Band: Schriften zur Philosophie*, München: Kösel-Verlag; Heidelberg: Verlag Lambert Schneider, 1962 の七八七頁以下を指している〕。

訳者解題

I

本書はマルティン・ブーバー Martin Buber が一九二三年にあらわした『〈われ〉と〈なんじ〉』*Ich und Du* の全訳である。

『〈われ〉と〈なんじ〉』は小冊子ながら、そこにもられた思想はじつに深いので、公刊以来、西欧の思想界に大きな影響をあたえてきた。たとえば、今日日本でもよく紹介されているエーリッヒ・フロム〔一九〇〇―八〇年〕や〔ニコライ・〕ベルジャーエフ〔一八七四―一九四八年〕は言うにおよばず、プロテスタントでは〔フリードリヒ・〕ゴーガルテン〔一八八七―一九六七年〕、カール・ハイム〔一八七四―一九五八年〕、カトリックでは昨年〔一九五七年〕来朝したガブリエル・マルセル〔一八八九―一九七三年〕や〔マルティン・〕ダーシー〔一八八八―一九七六年〕、またアングリカン・チャーチではD・S・ベイリー〔一九一〇―八四年〕のような著名な人々は、みな本書から深いインスピレーションを受けている。さらに興味深いのは、最近本書が医学界にまで影響をあたえていることで、精神療法を専門とする臨床家のあいだでは、フロイトやユングの精神分析のかわりに、ブーバーの「〈われ〉と〈なんじ〉の出会い」を原理とする、あたらしい精神療法が鋭意研究されているということである。[1]

このようなわけで、本書は今から三十年もまえに書かれたものではあるが、その思想は時代を越え、切ったら切り口からドクドク血が出るほどはげしい生命力をもって、今日に生きている。われわれはいま、政治に、経済に、思想に、もはやどうにもならない世界的な行きづまりにぶつかっているが、その根本的原因が〈われ〉にのみとらわれた近代思想にあることを指摘し、現代人はすべからく〈われ〉ではなく、〈われ〉－〈なんじ〉の間にある関係を出発点として考えてゆかねばならないと主張するブーバーの卓見は、かならずや読者の心に深い感銘をあたえることであろう。こうした意味で、ブーバーの『〈われ〉と〈なんじ〉』は、三百年前におけるデカルトの『方法叙説』が近代的思惟の基礎となったと同様に、来るべき新時代の思想のいしずえになるといっても、過言ではあるまい。では次に簡単ながら著者の来歴と、本書の内容について解説をこころみ、最後に本書の翻訳について一言することにしよう。

（1）　たとえば Hans Trüb, *Heilung aus der Begegnung. Eine Auseinandersetzung mit der Psychologie*

C. G. Jungs, Stuttgart, 1951の序文にあるブーバーの論文Heilung aus der Begegnungまた、ユングとブーバーの比較についてはArië Sborowitz, Beziehung und Bestimmung, Die Lehren von Martin Buber und C. G. Jung in ihrem Verhältnis zueinander, *Psyche, Eine Zeitschrift für Tiefenpsychologie und Menschenkunde in Forschung und Praxis* (Heidelberg), II (1948), 9-56〔Arië Sborowitz, *Beziehung und Bestimmung: die Lehren von Martin Buber und C. G. Jung in ihrem Verhältnis zueinander*, Darmstadt: Wissenschaftl. Buchgesellsch., 1955〕、また全体的な文献についてはMaurice Friedman, Healing through Meeting: Martin Buber and Psychotherapy, *Cross Currents* (New York), Vol. V, No. 4 (1955), 297-310を参照。

II

マルティン・ブーバーはユダヤ人で、一八七八年二月八日、オーストリアのヴィエンナに生れた。青年時代をレムベルクの祖父の家で過したかれは、祖父サロモン・ブーバーからヘブライ語やユダヤ教についていろいろな知識を授けられた。この祖父はユダヤ人の間でも有数の学者で、ポーランドのガリチヤ地方における「ハスカラー」（啓蒙運動）の指導者であった。また、レムベルクはドイツ名で、別名ルヴォーフと呼ばれ、旧ポーランド領、今日ではソ連領内にある都市だが、この町は、当時東ヨーロッパに住むユダヤ人の学問的中心地であった。こうしてブーバーは、学問研究にはまったく好都合な環境にそだてられたので、へブライ語にも、ユダヤ教にも、またかれらの民族の口碑伝説にもくわしく通じることができたのであった。

ブーバーはさらに、ヴィエンナ、ベルリン、ライプチッヒ、チューリッヒの諸大学で学問をおさめ、哲学、文学、芸術等についての研究を進めた。また、かれはこの間、過激なシオニストとなって、さかんに政治評論を発表した。そんな関係で、一九〇一年にはヴィエンナで『世界《ヴェルト》』の編集者となり、またのちにはユダヤ関係書物出版会社 Jüdischer Verlag の創設にも尽力した。(1) さらに、一九一六年から一九二四年におよび『デル・ユーデ』誌を創刊してその編集に当った。この雑誌は、ドイツ語を語るユダヤ人の指導的機関として、非常な力を持ったものであった。

一九〇〇年代におけるブーバーで、われわれがことに注目しなければならないことは、かれがマイスター・エックハルト〔一二六〇頃—一三二八年〕からアンゲルス・シレジウス〔一六二四—七七年〕にいたるドイツ神秘主義思想によって深い影響を受けたということである。たとえば、本書のなかで、かれは〈われ〉—〈なんじ〉の関係を説明する際に、好んで「火花」という字を用いているが、これは、マイスター・エックハルトのいう Fünklein（「時空によって汚すことのできない霊魂の火花」Pfeiffer, p. 193〔*Deutsche Mystiker des vierzehnten Jahrhunderts*, hrsg. v. F. Pfeiffer, Bd. 2: Meister Eckhart, Leipzig: G. J. Göschen, 1857〕などに使われているような「火花」）から得て来ているに相違ないし、また、人間存在の根源を胎児と母体の関係から述べている箇処（本訳書四四頁より）は、ドイツ神秘主義の説く人間の霊魂のうちに含まれる根源的、非人格的神性、すなわちウルグルント Urgrund の考えをほうふつとさせるものがある。

そのようなわけで、ドイツ神秘主義に影響されたブーバーは、さらにユダヤ教のカバラや、さらにはハシディズムと称される神秘思想からも大きな影響を受けた。(2) たとえば、「人間は神と合一することのできる力を持ち、神は人間を通じて自己を現実にもたらす」というような本書の主要テーマの一つは、神のこの世における遍在 Shekinah と、それと合一することのできる人間の能力とを信じるハシディズムの神秘思想から受け継いだとかれみずから語っているほどである。(3) まことに、ブーバーの功績の一つは、こうして、ハシディズムのようなユダヤ教の神秘的遺産をよく今日に生かし、それによって現代の混迷にかがやかしい霊的な光明を投じたところにあるといえよう。

さらに、ブーバーの業績で忘れてならないのは、聖書のドイツ語訳である。かれは、フランツ・ローゼンツヴァイク〔一八八六―一九二九年〕とともに、ヘブライ語の格調を模した言葉で、旧約聖書を実に見事に翻訳した。その原典に忠実な点と、その翻訳の美しさとで、かれの聖書の翻訳は永遠の価値を有しているといわれている。

大学教授としてのブーバーは、一九二三年から三三年までフランクフルト大学で比較宗教学を講じたが、諸国を転々としたのち一九三八年にパレスティナに来り、現在エルサレムのヘブル大学で社会哲学の教授をしている。

ブーバーの著書は非常に多く、主としてドイツ語で出版されているが、主要なものは英語にも仏語にも翻訳されている。内容はハシディズム、シオニズム、哲学、現代批判などだが、ことに最近はマルキシズムにかかわる政治哲学の方面にすぐれた研究を発表している。いまかれの著書の主なものをあげれば

Mein Weg zum Chassidismus, 1906.〔「ハシディズムの道」、『祈りと教え　ハシディズムの道』板倉敏之訳、理想社、一九六六年〕
Ekstatische Konfessionen, 1908.〔『忘我の告白』田口義弘訳、法政大学出版局、一九九四年〕
Daniel, 1913.〔「ダニエル」、『ブーバー著作集』第四巻、稲葉稔・佐藤吉昭訳、みすず書房、一九六九年〕
Vom Geist des Judentums, 1916.
Die Rede, die Lehre und das Lied, 1917.
Reden über das Judentum, 1923.
Die Chassidischen Bücher, 1928.
Religion und Philosophie, 1931.
Zwiesprache, 1932.〔「対話」、『ブーバー著作集』第一巻、田口義弘訳、みすず書房、一

九六七年／「対話」、『我と汝・対話』植田重雄訳、岩波書店（岩波文庫）、一九七九年〕

Kampf um Isreal, 1933.

Die Frage an den Einzelnen, 1936.〔「単独者への問い」、『ブーバー著作集』第二巻、佐藤吉昭・佐藤令子訳、みすず書房、一九六八年〕

Bilder von Gut und Böse, 1952.〔『人間悪について』野口啓祐訳、南窓社、一九六八年／「善悪の諸像」水垣渉訳、『ブーバー著作集』第五巻、みすず書房、一九六八年〕

Die chassidische Botschaft, 1952.〔『ハシディズム』平石善司訳、みすず書房、一九九七年〕

Die fünf Bücher der Weisung, 1953.

Gottesfinsternis. Betrachtungen zur Beziehung zwischen Religion und Philosophie, 1953.〔『対話の倫理』野口啓祐訳、創文社、一九六七年／「かくれた神」三谷好憲・山本誠作訳、『ブーバー著作集』第五巻、みすず書房、一九六八年〕

Hinweise. Gesammelte Essays.

Zwei Glaubensweisen, 1950.〔『キリスト教との対話』板倉敏之訳、理想社、一九六八年〕

Dialogische Leben. Gesamm. philosoph. u. pädagog. Schriften, 1947.

Gog und Magog. Eine Chronik, 1949.〔「ゴグとマゴグ——ある年代記」、『ブーバー著作集』第九巻、田口義弘・高木久雄訳、みすず書房、一九七〇年〕

Moses, 1952.〔「モーセ」、『マルティン・ブーバー聖書著作集』第一巻、荒井章三・早乙女禮子・山本邦子訳、日本キリスト教団出版局、二〇〇二年〕

Pfade in Utopia, 1950.〔『ユートピアの途』長谷川進訳、理想社、一九七二年〕

Das Problem des Menschen, 1948.〔『人間とは何か』児島洋訳、理想社、一九六一年〕

Reden über Erziehung, 1953.〔この著作に収められたもののうち「教育論（Über das Erzieherische）」、「教養と世界観（Bildung und Weltanshauung）」、「性格教育について（Über Charaktererziehung）」は『ブーバー著作集』第八巻、山本誠作ほか訳、みすず書房、一九七〇年所収〕

An der Wende. Reden über das Judentum, 1952.

Der Weg des Menschen.

Die Schriften über das Dialogische Prinzip. Mit einem Nachwort, 1954.〔「対話的原理」Ⅰ・Ⅱ、『ブーバー著作集』第一巻・第二巻、田口義弘・佐藤吉昭・佐藤令子訳、みすず書房、一九六七―六八年〕

ついでに英訳された主なものをあげると、次のようなものがある。

The Way of Man, according to the Teachings of Hasidism

Two Types of Faith

Images of Good and Evil

Between Man and Man
Paths in Utopia
Eclipse of God, Studies in the Relation between Religion and Philosophy
Hasidism
Moses

ブーバーの研究書については

M. S. Friedman, *Martin Buber, The Life of Dialogue*, The University of Chicago Press, 1955

をあげるに止めておこう。

（1）　この会社はベルリンにあり、ドイツにおけるユダヤ人のため、主としてユダヤ教に関する書物の出版に全力をそそぎ、その関係の百科事典も出したが、一九二九年頃、政府の圧迫のもとにつぶされた。

（2）　ハシディズムは、古くは前二世紀の頃、アンチオコス四世のヘレネ化運動に反抗した厳格なパレスティナのユダヤ人の一団を指した。のち、この言葉は中世初期に入って神に敬虔な人々をあらわすようになり、さらに十三世紀に入ってジュダーなる神秘家が『ハシディムの書』をあらわして、この言葉の内容に神秘主義的な傾向を加えた。しかし、ハシディムでなく、ハシディズムという言葉が生じたのは、十七世紀に聖者ジュダーがあらわれてからのことである。この聖者はハイム・マラキと協力して祈りを主とし、神秘的傾向を加えたリヴァイヴァル運動を起し、ユダヤ教の一派を形づくり、千五百人の信徒をひきいて一七二〇年エルサレムに巡礼し、同地に会堂をつくった。これは、のち、アラビア人によって破壊されたが、今日でも遺跡として残っている。このハシディズムは十八世紀になって、バール・シエム・トブ（一七〇〇—一七六〇年）によって理論的に表現され、それがウクライナより東ヨーロッパに拡って今日に及んでいる。これが狭義のハシディズムであり、その特色は神秘的、民主的、また大衆的な点にある。

（3）たとえばかれらの『人間論』*Was ist der Mensch?* 1938, 第二篇第二章参照。

Ⅲ

ブーバーは自分の思想の遍歴を、高山のせまい尾根をつたわって進んでゆく登山者になぞらえ

「わたしは、絶対者について数々のたしかな説明をそなえた、「体系という平原」にいこったことはない。いや、わたしの行く手はいつも深い渓谷を左右に見下ろす、せまい岩だらけの尾根ばかりであった。こうした尾根にいるものは、絶対者についてはっきりとした説明をすることができない。いや、この尾根にいてたしかなのは、ただ、まだだれにもあらわにされないでいるなにかと出会うということだけである」

と言っている。[1]

これを見てもわかるように、ブーバーの思想の根柢を形づくっているのは「出会い」Begegnungということである。ではこの「出会い」とはブーバーにとってどのような意味を持っているか、しらべてみることとしよう。

まず、ブーバーによれば、われわれが他のひと、ないしものと結ぶ関係に、二つの根本的に相違した仕方があるという。一つは〈われ〉－〈なんじ〉の関係の仕方で、他は〈われ〉－〈それ〉の関係の仕方である。〈われ〉－〈なんじ〉の場合には、甲なる主体〈われ〉は、乙なる主体〈なんじ〉と向き合う。これに反して、〈われ〉－〈それ〉の関係においては、甲なる主体は乙を対象として体験し、利用するにすぎない。

このような二つの関係の仕方によって、ここに、〈なんじ〉の世界と〈それ〉の世界とが生じる。それなら「こうした二つの世界は、それぞれどのような内容を持ち、またどのような関係にあるか」ということをしらべるのが、まさに本書のテーマなのである。

〈われ〉－〈なんじ〉における〈なんじ〉は一個の実在者として示される。〈なんじ〉は〈われ〉にたいしてあたえられるものである。〈なんじ〉は〈われ〉によって限定されるものではない。つまり、〈なんじ〉は〈われ〉が自分勝手に利用できないもの、〈われ〉が全身全霊をこめて相対していなければならないものなのである。だから、〈われ〉－〈なんじ〉の関係をもっともよくあらわす場合は「出会い」ということになる。〈われ〉は他のものと出会うのである。こうした出会いにおいては、〈われ〉と〈なんじ〉はけっして経験的な主観や客観ではない。〈われ〉が〈なんじ〉と関係をむすんでいるかぎり、〈われ〉は〈なんじ〉を体験することができない。「人間がものを経験するとき、〈なんじ〉ははるかかなたに去ってしまう」とブーバーはいう。

これに反して、〈それ〉の世界における〈われ〉は、意識の中心点であり、同時に体験し、配列し、自分勝手に利用する主体である。また、この主体をとりまくすべてのものは、その機能の対象にすぎない。

ところで、〈われ〉－〈なんじ〉における〈なんじ〉は、〈それ〉に化する運命をになっている。最高の芸術にせよ、最愛の愛人にせよ、〈われ〉と〈なんじ〉の直接的、相互的、現存的な関係は、時がたつと消滅し、〈なんじ〉は〈それ〉とならなければならない。しかし、〈なんじ〉であって、しかも絶対に〈それ〉とならないもの、つまり「永遠の〈なんじ〉」と呼ばれるものがある。それは神である。われわれは、ふつう、神を第三人称で呼ぶけれども、神は、われわれが神にたいし〈われ〉－〈なんじ〉の関係を実現すればするほど、その御姿をこの世にあらわし給うのである。まことに、神はいかなるときにも呼びかけられるべき相手であって、表現されるべきものではない。

これを別の言葉でいうならば、人間の世界には二つの根本的に相違した秩序が存在することになる。すなわち、一つは〈われ〉－〈なんじ〉の根本的原理にもとづいた人格的共同体で、ここでは真実の「対話」がおこなわれる。他は、他人を自分の欲望実現の手段、すなわち〈それ〉としか見ない原理にもとづいた集団的社会で、ここでは「独語」しかおこなわれない。今日の世界を見るならば、政治においては為政者と庶民、経済においては資本家と労働者、文化においては芸術家と一般大衆との間に、いかに「対話」はまれで、「独語」のみおこなわれていることであろうか。

もとより本書は神秘的な宗教詩とでもいうべき著述で、けっして正面切った現代社会の批判ではない。しかし、個人的自由主義と全体主義の二大勢力が、人類の運命を賭けて相争っている今日、このすぐれたユダヤの神秘家が、それをどのように分析し、またどのように批判するか、われわれは本書によっても充分に察知することができるであろう。この意味でも、本書は現在ばかりでなく未来にも生きる書ということができるのである。

（1） Buber, *Was ist der Mensch?* 1938, 第二篇第三章参照。

IV

最後に、本書の翻訳について一言しよう。今日まで公にされた『〈われ〉と〈なんじ〉』の翻訳には、ブーバー研究者として有名なR・G・スミス〔一九一三―六八年〕の英訳が一九三七年に出て、いままでに数版を重ね、広く各国で読まれている〔*I and Thou*, translated by

Ronald Gregor Smith, Edinburgh: T. & T. Clark, 1937〕。そのほかに、ルイ・ラヴェル〔一八八三―一九五一年〕と〔ルネ・〕ル・センヌ〔一八八二―一九五四年〕の監修になる叢書Philosophie de l'esprit の一部として、ジュヌヴィエーヴ・ビアンキー〔一八八六―一九七二年〕の仏訳も一九三八年に出ている〔*Je et tu*, traduction de Geneviève Bianquis, avec une préface de Gaston Bachelard (Philosophie de l'esprit 15), Paris: F. Aubier, 1938〕。なお、同書には、ソルボンヌ大学教授で科学史研究に令名高いガストン・バシュラール〔一八八四―一九六二年〕の見事な序文ものっている。いま、両訳書の訳調をくらべてみると、いずれも立派な訳だが、スミスの方は原文に忠実を旨とし、ビアンキーの方はやや意訳が目立っている。訳者は両訳書を参照し、その長所をとることができて、非常に仕合せであった。

しかし、スミスほどのブーバーの専門家でさえ、その序文のなかで本書の翻訳の至難をなげいているぐらいである。ましてや微力な訳者のことゆえ、定めし色々な点で問題があるに相違ない。不備な点については、大方諸賢の御示教を伏して御願いする次第である。

本稿をおえるにあたり、訳者が一言しなくてはならないことは、仏教その他インドの宗教について、特に第三篇の数箇処にわたり、中村元氏の教えをいただいたこと、また同じく第三篇のダンテの箇処において大沢章氏の教えをいただいたことである。両氏の御親切にたいし厚く御礼申上げる。ただし、それらの箇処についての訳出上の誤りは、すべて訳者の責任であることをあきらかにしておく。

さらにまた、原文の難解にくわえて訳者の怠惰のため、訳しはじめてより長い日時を経過したが、この間つねに訳者にたいし激励を惜しまれなかった創文社主、久保井理津男氏と、編集部の岸村正路氏に、心から謝意を表する次第である。

昭和三十三年四月二十日

野口啓祐

解説　出会いとすれちがい——マルティン・ブーバーを再読するために

佐藤貴史

長く読み継がれてきた偉大な書物には、複数の訳者による複数の翻訳が存在すべきである——マルティン・ブーバー（一八七八—一九六五年）の『我と汝』（一九二三年）こそ、この考え方にふさわしい書物ではないだろうか。巨大な哲学体系が構築されたり、近寄り難い堅牢な論理が張りめぐらされたりしているわけではない。むしろ詩的で美しく、過度な装飾で飾られることのない文章が連なり、何となく先に読み進めてしまう。しかし、ここには一体何が書かれているのだろうと思った瞬間、不意に心が揺らぎだし、宙を見つめて考えてしまう。そして、こちらの翻訳はどう訳しているだろうと別の『我と汝』を書棚から取り出す。わたしにとって『我と汝』とはそんな書物である。

野口啓祐の「訳者解題」には、簡潔ではあるが『我と汝』が与えた思想的影響、ブーバーの生涯と主要著作、そして『我と汝』の内容について記されている。したがって、わたしの解説では「訳者解題」と重複しないように、しかしときにそれを大胆に補いながら筆を進めたいと思う。

＊

しばしば「対話の思想家」と形容されるブーバーとは、『我と汝』を完成させる前は何者だったのか。あるいは、『我と汝』が成立するうえでブーバーがそれまでに手にしていたもののうち、何が引き継がれ、何が切り離されたのか。一九二三年に出版された『我と汝』は、すべての書物がそうであるように、独自のヒストリーをもっている。

『我と汝』の執筆に先立つブーバーの思想的コンテクストとして、ハシディズムを中心とした神秘主義の伝統をあげることは研究上の常識になっている（Mendes-Flohr 1989; 上山二〇〇九）。野口もまた、「訳者解題」のなかでブーバーを「このすぐれたユダヤの神秘家」（本訳書、二二七頁）と呼びながら、ごく簡単にこの辺りの事情についてふれている。

右記の神秘主義的傾向が『我と汝』に引き継がれたものだとしたら、第一次世界大戦に対する熱狂、政治や文化の領域においてユダヤ・アイデンティティの復興を目指した過激なシオニズム運動は、『我と汝』に向かう途中で切り離されたものである。

友人のグスタフ・ランダウアー（一八七〇―一九一九年）からその熱狂ぶりを「戦争ブーバー」と揶揄されながらも、戦争のなかで「決定的なことは彼ら〔ユダヤ人〕が強制からではなく、圧倒的な義務の感情から戦っていることである」と、ブーバーはあっさりと言ってのけていた（佐藤二〇一五、七三頁）。

また、ブーバーより二〇歳ほど年少のゲルショム・ショーレム（一八九七―一九八二年）によれば、ブーバーは「急進的な新出発を唱えるもっとも影響力の強い主張者」であり、彼のシオニズムは「公式に凝り固まった「宗教」を、創造的な、真に中核をなす「敬虔さ」と対決させるような〔…〕方向」だった。ここにはユダヤ教のラディカルな刷新をもくろむブーバーの姿が記録されているが、ショーレムはすぐにこう続けている。「ブーバーは、ドイツで当時一般にかなり好まれたこのアンチテーゼをのちに撤回し、あらたな道を歩きはじめた」（Scholem 1977, S. 74-75／五九頁）。この記述が具体的に何を指しているかはわからないが、ブーバーに転向があったことはたしかである。ブーバーの自伝的テクストを読むと、そこで彼は「ある回心」について告白している。

ある日、ブーバーのところに見知らぬ青年がやってきた（Buber 1960 (2016), S. 296-297／一八七―一九〇頁）。ブーバーは彼を迎え入れ率直に語ったが、この青年が抱えていた問題を読みとることはできなかった。のちに青年の友人から教えられたところによれば、「彼は事のついでにではなく、運命に導かれてわたしのもとに来たのであり、むだ話のためではなく、決断するために、他ならぬわたしのもとに、まさしくあの時刻に来たのだった」。青年はその時すでに第一次世界大戦で亡くなってしまっていたため、ブーバーが本人からその深刻な問題を聞く機会は永遠に失われてしまった。

この青年との出会いがあった当時、ブーバーは「物事の経過から取り出されてしまった時間」に浸るような非日常における「宗教的なもの」、人々を日常的生の外へ連れ出すような「宗教的経験」を重視していた。実はその出会いの日の朝にも、彼は「「宗教的」歓喜」に満たされていたのである。しかし、そのような宗教的経験は思いつめた青年の前では無力だった。

「われわれが絶望して、なおかつ、ひとりの人のもとにおもむく場合、われわれは何を期待しているのだろうか」と、彼は自問する。「例外、離脱、脱出、脱我」に身をゆだねる宗教的歓喜だろうか。そうではない。重要なことは、生の連関から離れて、「実体なき人」に変貌することではなく、他者とその場にいることである。絶望のなかにいる人間が他者を求めて訪れたとき、その人は「現に居合わせること」、つまり「それにもかかわらず、なお意味があるということが、それを通してわれわれに語りかけられる、その現に居合わせること」を期待しているのである。

ブーバーは、この青年との出会いを「ある裁きの出来事」と呼んでいる。裁きは回心をブーバーに引き起こし、これを機に彼にとって宗教とは「単純にすべて」を、すなわち「対話の可能性のなかで素朴に生きられることすべて」を意味するようになった。

ショーレムとブーバーの証言を読んでみたが、どちらも『我と汝』に向かう途上でブーバーに根本的な変化が起きたことを告げている。あえてちがいを見つけるとすれば、ショーレムの回想はシオニズムを中心とした政治的・社会的次元で生じたブーバーの変化を、ブーバーの告白は小難しい哲学的議論のない私的な出会いのなかでの彼の回心を描いている。ブーバーはみずからの不十分さを自覚しながらも、「わたしは自分が要請のなかで呼びかけられ、責任のなかで答えうることを知っており、また誰が語り、そして誰が応答を必要とするかも知っている」(Buber 1960 (2016), S. 297／一八九頁)と回想する。呼びかけ、語り、応答——『我と汝』は、すでにわたしたちの前にその姿を現わしている。

『我と汝』の成立、そして回心後のブーバーの思想に対しても大きな影響を与えたユダヤ人思想家として、フランツ・ローゼンツヴァイク(一八八六—一九二九年)の名をあげることができるだろう。とくにローゼンツヴァイクとともに行ったヘブライ語聖書(いわゆる旧約聖書)のドイツ語訳は、ブーバーの思想を理解するうえで決定的に重要な仕事である。「高地ドイツ語[標準ドイツ語]」へのユダヤ教の最初の聖書翻訳」がモーゼス・メンデルスゾーン(一七二九—八六年)に帰される仕事ならば、「ユダヤ教の聖書の最後のドイツ語翻訳」を生み出したのはブーバーとローゼンツヴァイクである(ゴットリープ 二〇一九、一三六頁、一五六頁)。彼らの友情の賜物は、いまなお聖書翻訳史のなかで燦然と輝いている。『我と汝』の著者は、すぐれた聖書解釈者にして聖書翻訳者としても記憶されなければならない。ブーバーにとって聖書の物語は名状しがたい者としての神と人間の「出会いの報告」だった（Buber 1936 (2012), S. 38）。もちろん、すべての人間、そして世代が首尾よく聖書と出会えるわけではない。しかし、仮にそうであっても、「聖書に忠実な信仰の開放性のなかで、われわれの今日の状況に対して対話的かつ責任をもって抵抗すること」（Buber 1936 (2012), S. 55）こそ、ブーバーが重視する人間の根本的態度だった。

ブーバーによれば、聖書は「声（die Stimme）」であり、それは人間に「語られたこと」

「言葉が語られたこと」を伝えている（Buber 1936 (2012), S. 55）。それゆえ、人間は聖書に含まれている声、そしてそこで語られていることを聴かなければならない。ブーバーは、ローゼンツヴァイクとの聖書翻訳を意識しながら、こう書いている。「敬虔な聖書翻訳は口述的なものへ戻って翻訳する試みであり、語られた言葉をふたたび呼び覚ます試みである」。ユダヤ人もキリスト教徒も、「聖書の言葉を現実に語られた言葉として聴き理解することを忘れてしまった」のである（Buber ca. 1938 (2012), S. 176-177）。

語られた言葉は聴かれるだけでなく、声に出して読まれる必要もある。彼らの聖書翻訳、つまり訳文の作成においてもこの点は重視された。ローゼンツヴァイクが指摘するところでは、ブーバーによれば「舌が眼の拘束から解放されなければならなかった」（Rosenzweig 1926/27 (1984), S. 779／三一三頁）。それゆえ、聖書翻訳において「自然な句読法である口述的な句読法の根本原理」が要求され、ブーバーはそれを「息を吸うこと」とみなした。彼にとって「呼吸」とは「語りを織りあげる生地」だった。

声を聴くこと、語られた言葉を語ること――聖書と疎遠になってしまった近代ユダヤ人にとって、ブーバーとローゼンツヴァイクが翻訳した聖書は神と出会うための場である。神なき悲惨に慄《おのの》くユダヤ人は彼らの聖書を通じてふたたび神とめぐり会う。

ブーバーは、ローゼンツヴァイクによってフランクフルトに創設された自由ユダヤ学院で「現存としての宗教（Religion als Gegenwart）」という講義を一九二二年の一月と二月に行っている（Buber 1954 (2019), S. 233／一三〇頁）。これは、『我と汝』の成立史のなかでも必ず指摘される出来事の一つである。

先にわたしは、ブーバーとローゼンツヴァイクの聖書翻訳を彼らの親密な人間関係がもたらした賜物と表現した。たしかに彼らのあいだには比類なき友情があった。しかし、これは批判が介在する余地がなかったという意味ではない。自由ユダヤ学院でのブーバーの講義をきっかけにして、ローゼンツヴァイクはブーバーの〈われ〉と〈なんじ〉の思想に根本的な批判を加える手紙を書いている。それを受けてブーバーは、ローゼンツヴァイクの「重要かつすばらしい批判」(Buber 1973, S. 128: Martin Buber an Franz Rosenzweig 14. 9. 1922) に対して感謝の言葉を述べている。

ブーバーは基本的に〈それ〉の世界には批判的な立場をとるが、ローゼンツヴァイクによれば、ブーバーが批判する〈それ〉は「ヨーロッパでは三〇〇年も経ていない大変な欺瞞の所産」であり、まさに「誤った〈それ〉」である (Rosenzweig 1979, S. 824: Franz Rosenzweig an Martin Buber, Undatiert)。「〈われ〉はこの〔誤った〕〈それ〉とのみ、ともに（語られるのではなく）思考される」(Rosenzweig 1979, S. 824)。思考と語りの対立は、ローゼンツヴァイクの〈新しい思考〉を特徴づけるキーワードでもある。

ブーバーの「根源語 (Grundwort)」が「複合的な語」であったように（本訳書、八頁）、ローゼンツヴァイクもまた単独で〈それ〉を語ることはない。「わたしが適切に〈それ〉を語るとき、人間としてのわたしがともに語るものとは、すなわち〈かれ (ER)〉である」(Rosenzweig 1979, S. 824-825)。こうしてローゼンツヴァイクにとって〈かれ (ER)〉－〈それ (Es)〉が「根源語」の一つとなる。

しかし、一体〈かれ〉－〈それ〉とは何を意味しているのか。そして、なぜこれがブーバー批判になるのだろうか。この疑問を解決する手掛かりを得るために、ローゼンツヴァイクの『救済の星』（一九二一年）を読んでみよう。手紙のなかでローゼンツヴァイクは、わずかであるが『サムエル記』にふれつつ〈かれ〉－〈それ〉について説明している。しかし、ここでは比較的理解しやすい『救済の星』における『創世記』第一章の分析の方を取り上げてみたい。

ローゼンツヴァイクによれば、『創世記』第一章は「彼はそれをつくった、それはよい (er hat es gemacht; es ist gut)」という「物語形式」によって貫かれている (Rosenzweig

1921a (1976), S. 168／二二九頁)。すなわち、「過去時制と〈かれ〉という形式」は『創世記』第一章を理解するうえで重要な枠組みである。『創世記』第一章は神によるはじまりの仕事を報告しており、そこではまさに〈かれ〉－〈それ〉の世界が物語られている。

しかも、神すなわち〈かれ〉という主語は「純粋な、触れえない彼岸性にとどまり、述語をおのれのうちから自由に解き放ち、安らいだ対象性にゆだねる」(Rosenzweig 1921a (1976), S. 168／二二九頁)。彼方におられる神は「みずからの述語を人称的に色づけることがないような唯一の主語」であり、そうであるならば神としての〈かれ〉はまさに〈それ〉をつくったのである――「〔…〕死は〈それ〉に付随するけれども、〈それ〉は死んでいない。〈それ〉は創造されている」(Rosenzweig 1979, S. 825)。過去時制で語られる創造においては、神は〈かれ〉でしかなく、「創造主はいかなる名前さえもってはならない」(Rosenzweig 1921a (1976), S. 168／二二九頁)とまで、ローゼンツヴァイクは言う。

ここまで読めば明らかだろう。〈それ〉の解釈をめぐって、手紙のなかではブーバーの『我と汝』とローゼンツヴァイクの『救済の星』の真剣な出会いが起こっていた。もちろん、ローゼンツヴァイクにとっても〈われ〉－〈なんじ〉は彼の啓示論を形成する重要思想である。しかし、それでも彼から見て、ブーバーが語る〈われ〉－〈なんじ〉は神を語るには狭すぎた。ローゼンツヴァイクは、この事態を〈われ〉－〈なんじ〉への「狭隘化(Verengung)」(Rosenzweig 1979, S. 825)という言葉で表現している。こう言ってよければば、ブーバーの切り詰められた〈われ〉－〈なんじ〉は、過剰な負担を背負うことになってしまっていたとも言えよう。

もう一つ確認しておきたいことがある。件の手紙では、あるユダヤ人哲学者を引き合いに出して、ブーバーを批判している箇所がある。ローゼンツヴァイクが召喚した哲学者とはヘルマン・コーエン（一八四二―一九一八年）である。

ローゼンツヴァイクは、いくつかのテクストでコーエンの「相関関係（Korrelation）」の思想――「神と世界、神と人間、人間と隣人の相互関係、つまり〈われ〉と〈なんじ〉のあいだにそのつど結ばれる同盟締結の哲学」（Rosenzweig 1921b（1984）, S. 232／四四〇頁）を示す表現――を高く評価している。彼は、この手紙のなかでもブーバーが選んだ「関係（Beziehung）」という語にコーエンの「相関関係」を対置している。

実は、自由ユダヤ学院でのエピソードにふれたテクストのなかで、ブーバー自身がコーエンについて言及している箇所がある。そこでブーバーは、コーエンの遺著となった『ユダヤ教の源泉からの理性の宗教』（一九一九年）において彼が神と人間をめぐる「相関関係」の思想に到達し、いままで哲学において語られていなかったことをはじめて明瞭にしたとして、晩年のコーエンの哲学を称賛している（Buber 1954（2019）, S. 231／一二五頁）。

この手紙が書かれたころ、コーエンはもうこの世を去っていた。不在のコーエンの思想は、ブーバーをはじめとした二〇世紀ドイツのユダヤ人思想家に対して計り知れない影響を与えている。しかし、コーエンという存在の大きさを知れば知るほど、残念ながらわたしたちはいまだ彼についてあまりに無知であることを痛感する。「相関関係」の謎の前で、沈黙はもはや許されないところまできている。

もう一度ブーバーとローゼンツヴァイクの関係に話を戻そう。彼らのあいだにある問題を人称論に矮小化してはいけない。彼らが直面していたのは神の問題である。ローゼンツヴァイクとは異なり、ブーバーは神を〈かれ〉や〈それ〉と呼ぶことに対して消極的だった。『我と汝』には次のような文章がある。

> もしもわれわれが神を〈かれ〉ないし〈それ〉と呼んだならば、それはいつも神を比喩的に呼んだことになるのである。これに反して、もしもわれわれが神を〈なんじ〉と呼ぶならば、そのときは、有限なる人間が、世界の完全な真理を真に正しい言葉で呼んだことになるであろう。（本訳書、一六〇―一六一頁）

手紙の最後で、ローゼンツヴァイクはこう書いている。「〈われ〉と〈なんじ〉のために、〈われ〉と〈なんじ〉――とはさらに別のものがなければならない」（Rosenzweig 1979, S. 827）。「さらに別のもの」とは〈われ〉や〈なんじ〉では語りえない何か、いや〈われ〉や〈なんじ〉だけでは語りえない神である。『我と汝』を読む者は、神の問題に向かい合う覚悟が要求される。

「対話的原理の歴史」のなかには、『我と汝』が占めてしかるべき場所がある。ブーバー自身が、フリードリヒ・ハインリヒ・ヤコービ（一七四三―一八一九年）からカール・バルト（一八八六―一九六八年）にいたる「対話的原理の歴史」のなかにみずからを位置づけている（Buber 1954 (2019)）。彼の偽らざる自己認識であろう。このような思想史的事実を確認したうえで、本解説ではもう一つ別の歴史に『我と汝』を接続してみよう。一九世紀ドイツに誕生したユダヤ学（Wissenschaft des Judentums）の歴史である。

M・ブレンナーによれば、「ブーバーはハシディズムに向かうことによって、神秘的伝統を現代に復活させることを考えただけでなく、ユダヤ教を神秘主義や迷信とは無縁の「清潔な」合理的宗教として紹介しようとした一九世紀のユダヤ学に反抗した」（Brenner 1996, p. 29／四五頁）。ユダヤ学とは文献学的方法に基づいてユダヤ教の歴史を研究しようとした学問であると、ここでは暫定的に理解しておこう。そのユダヤ学はブーバーにとって有機的なユダヤ教の敬虔さを奪うものであり、『我と汝』をユダヤ学における過剰な歴史意識に対する批判として読むことはとくに難しい解釈ではない。

とはいえ、こうしたユダヤ学批判のコンテクストのなかに『我と汝』をおくだけで、わたしたちは満足できるだろうか。さらに掘り下げるために、ブーバーがイエスに言及した箇所に注目してみよう。

ブーバーは、ひとが〈われ〉を語るときの関係として、三人の人物を取り上げている。一人目はソクラテスであり、彼の語る「いきいきとした〈われ〉」は「無限につづく〈われ〉－〈なんじ〉の対話における〈われ〉」である。二人目はゲーテであり、彼の語る「ゆたかな〈われ〉」は「自然と純粋なまじわりを結ぶ〈われ〉」である。そして、「〈われ〉－〈なんじ〉の絶対的関係の領域」における「一つの実例」として、イエスの名が三人目としてあげられている（本訳書、一〇七—一〇八頁）。

イエスの〈われ〉はいかに力強く、いかに正しく、またいかにはっきりとしたものであったろうか。イエスの〈われ〉は、〈なんじ〉を「聖父」と呼ぶ場合、かならず自分が「聖子」となり、それ以外のものとはならないような、絶対的関係におかれた〈われ〉であった。（本訳書、一〇八頁）

さらにブーバーは『ヨハネによる福音書』の解釈に基づいて、聖子は「こうした根源的関係においては、よしんば聖父が聖子に宿り、またかれにはたらきかけるとはいえ、「自分より偉大な」聖父にぬかづき、祈りをささげる」（本訳書、一三七—一三八頁）と書いている。明らかにブーバーはイエスをひとりの人間——したがって、この意味においてイエスの

〈われ〉は「一つの実例」である――として見ており、キリスト教の立場とは一線を画す仕方で人間イエスの存在を評価している。

また、ブーバーのキリスト教論として名高い『信仰の二様式』（一九五〇年）では、イエスのことを「若い頃からわたしの偉大な兄弟」（Buber 1950 (2011), S. 206／一二頁）として感じていたという表現が出てくる。さらにブーバーは、「イエス自身の教えのなかには〔…〕純ユダヤ的な原理が働いていることを忘れないようにしなければならない」（Buber 1950 (2011), S. 205／一一頁）と警告を発している。すなわち、人間イエスは同時にユダヤ人イエスである。

実のところ、イエスの人間性やユダヤ性を強調する議論は、歴史的・批判的方法に与したユダヤ学が強調するものだが、同時にキリスト教の聖書学もまた類似した認識を共有していた。もちろん、だからと言ってキリスト教の聖書学が反ユダヤ主義から解放され、公平にユダヤ教を評価していたという意味ではない。改革派のユダヤ学者アブラハム・ガイガー（一八一〇―七四年）がイエスをファリサイ派の伝統のなかで解釈したとき、彼はキリスト教の側から厳しい批判を浴びるか、あるいは単に黙殺された。

このようなユダヤ学の歴史を踏まえるならば、『我と汝』とユダヤ学のあいだには相反する二重の関係が内包されていることがわかる。すなわち、『我と汝』は活き活きとしたユダヤ教を枯らしかねないユダヤ学に対する批判としてだけでなく、まさにユダヤ学が遂行したように、「偉大な兄弟」である人間イエスをユダヤ教の側に奪還する試みの一つ――キリスト教はこれを受け入れることができるだろうか――としても読むことができるのである。また、ユダヤ人イエスに対する高い評価と同時に、『信仰の二様式』においてブーバーはイエスをパウロやパウロ主義と厳しく対立させていることを忘れないようにしよう。ブーバー曰く、イエスの教えに含まれる「純ユダヤ的な原理」は、イエス後の歴史のなかで大きな変容を被ることになる。

「対話の思想家」ブーバーというイメージからのみ彼を解釈し、ユダヤ教とキリスト教の宗教間対話を促すユダヤ人思想家に仕立ててあげてはならない。同様のことは、すぐれたイエス論やキリスト教論を残したローゼンツヴァイクやレオ・ベック（一八七三―一九五六年）についても言える。「純ユダヤ的な原理」であれ「ユダヤ教の本質」（ベック）であれ、事はそんな簡単な問題ではないはずである。

＊

わたしは本解説の冒頭で、「長く読み継がれてきた偉大な書物には、複数の訳者による複数の翻訳が存在すべきである」と書いた。これにさらにもう一つ言葉を重ねるならば、長く読み継がれてきた偉大な書物とはコンテクストを新たに生み出すと同時に、それとは異なるコンテクストへ移されたとき、新たな読み方が可能になる書物であると言いたい。

『我と汝』が、その一〇年後に重大な危機を迎えるドイツに、言葉、他者、自己をめぐる新しい思想的コンテクストを創出したことは否定できない事実である。その書物は、三五年の歳月を経たのち、この極東の小さな国で野口の手によって翻訳された。

野口の業績を確認すると、ニコライ・ベルジャーエフ（一八七四―一九四八年）の翻訳が比較的多く見られる（羽鳥一九七六、ii頁）。野口自身が、ブーバーの翻訳との関連でベルジャーエフの名前に言及している（ブーバー一九六八、一六一頁）。野口には、一九五八年に出版された本訳書のほかに、二つのブーバーの翻訳がある。一つが『対話の倫理』（創文社、一九六七年）であり、もう一つが『人間悪について』（南窓社、一九六八年）である。それぞれの「解説」や「あとがき」を読むと、野口が当時の国際政治における冷戦構造を強く意識していたことがわかり、『我と汝』もまた野口のコンテクストのなかで読まれ、翻訳されたのである。現在であれば「個人的自由主義と全体主義の二大勢力」（本訳書、二二七頁）という素朴な二元論は斥けられるだろう。それでも、当時においてはきわめてリアルだった対立状況のなかで、野口は『我と汝』を翻訳し、さらにはブーバーと興味深い手紙も交わしている。

『対話の倫理』の「あとがき」には、ある新聞社が企画し実現したブーバーと野口の往復書簡が転載されている。この往復書簡が収められている『世界人17人の提言《地球を破滅させるな》』（読売新聞社、一九六四年。往復書簡が読売新聞に掲載されたのは一九六三年一〇月二七日）を開くと、彼らの手紙のほかに、「対話的原理の歴史」のなかにも出てくるヤスパース、マルセル、バルト、そしてハイデガーやハイエクといった世界的著名人が他の日本人と手紙を交わしていることを確認できる。

野口は、質問状のなかで米ソ両国の対立を背景にして、ブーバーの「純粋な対話」の思想と世界平和の関係、集団主義や学問における専門主義の弊害について問うている。これに対してブーバーは野口の質問に丁寧に答えていることがわかる。そのなかでも、ブーバーは「失われた人間性」を回復するためには全体的立場に立って人間を見ることが必要であり、「人間には科学によって暴露された部分ばかりでなく、まだ神秘に閉ざされている部分もあることを知り、あらためて双方の関係をただすことができます」(ブーバー 一九六七、二七二―二七三頁)と答えている。さらにブーバーは現代の危機は「人間の不信」だけでなく、「神への不信」からも生じていると言う。ハイデガーによる悲観的な人間悪の見方を批判しながら、たとえ人間が罪を犯したとしても、ふたたび神の方に向かうことができるならば、その罪は贖われると書き、おそらくはハシディズムに由来するいかにもブーバーらしい言葉を野口に送っている。

この世においてもっとも醜悪なるものも、実は神の恩寵《おんちょう》によってまだ聖化されていない状態にあることを示しているにすぎないのです。(ブーバー 一九六七、二七五頁)

このような神秘主義的な文章が、一般新聞に掲載されることが現在でもあるのだろうか。ショーレムにならって、神秘主義は危機の時代の産物だとも言いたくなるが、当時どのような反響があったのかわたしにはわからない。しかし、『我と汝』にも、このようなブーバーの豊かな神秘主義的感覚が反響していることはたしかである。ぜひ味わってほしい。

＊

『我と汝』が成立したコンテクストとしての第一次世界大戦とシオニズムからはじめ、ブーバーの回心、ローゼンツヴァイクとの関係、そしてイエス論を中心にした『我と汝』の読み方を経て、野口の質問に対するブーバーの神秘主義的回答にたどりついた。最後にブーバーの回心の部分でも扱った彼の自伝的テクストをもう一度読んでみよう。

ブーバーはこのテクストのなかで、彼の思想に決定的影響を及ぼしたと思われるいくつかの契機を語っている。先に述べたある青年との出会いはこの契機に数えられるものの一つだが、もう一つ、ブーバーと彼の母親との関係にも言及しておこう。

ブーバーの幼年時代の家庭は両親の離婚によって崩壊していた（Buber 1960 (2016), S. 274-275／一四五―一四七頁）。そのため彼は父方の祖父母のもとで育てられたという。ある日、バルコニーで少年ブーバーが年上の少女と一緒にいたとき、その少女はブーバーに対して「いいえ、あんたのお母さんは決して帰ってきはしないのよ」と言った。その後、彼はこの言葉を「単にわたしだけに関わるものでなく、人間に関わるものとして感じはじめていた」という。最終的にブーバーは母と再会することができたようだが、彼は「人と人のあいだの現実的出会いを逃すこと」を示すために、「すれちがい（Vergegnung）」という言葉をつくったと書いている。

出会いの思想家には母との「すれちがい」が暗い影を落としていたのかもしれない（ブーレッツ二〇一一、一九〇頁）。思いつめた青年との出会いは、すれちがいによって「ある裁きの出来事」に変貌した。『我と汝』にも、〈われ〉と〈なんじ〉の生きた関係の破壊や「〈われ〉と世界とのくい違い」（本訳書、一一四頁）について書き込まれている。世界は、幸福な出会いだけで満たされているわけではない。

書物と人間のあいだでも、つねに出会いとすれちがいが起こっているのではないか。偉大な書物が複数の訳者によって複数の言語に翻訳され、さまざまなコンテクストのなかで読み継がれていくという出来事は、出会いだけでは語り尽くせない複雑な事態だと言える。そうであるならば、いまこの本を手に取っている〈あなた〉にも、『我と汝』との出会いと、そしてすれちがいが到来しているはずである。

書誌

・引用あるいは参照した文献については、左記の一覧にしたがって本文中に該当頁を指示した。外国語文献のなかでも参照した邦訳については該当頁を「／」のあとに漢数字で示した。
・邦訳からは多大な恩恵を受け、解説中での引用は基本的に邦訳にしたがっている。しかし、文脈や用語の統一の観点から適宜訳文に手を加えた（また邦訳と当該文献の版が異なっている場合もある）。邦訳者にはお詫びとともに心より感謝申し上げたい。なお引用文中の〔　〕は佐藤による補足である。

外国語文献

Baeck, Leo 1905 (2006), “Das Wesen des Judentums” in *Leo Baeck Werke, Band1*, herausgegeben von Albert H. Friedlander und Bertold Klappert. Gütersloher Verlagshaus（レオ・ベック『ユダヤ教の本質』有賀鐵太郎〔訳〕、全國書房、一九四六年）。

Brenner, Michael 1996, *The Renaissance of Jewish Culture in Weimar Germany*. Yale University Press（M・ブレンナー『ワイマール時代のユダヤ文化ルネサンス』上田和夫〔訳〕、教文館、二〇一四年）。

Buber, Martin 1936 (2012), “Der Mensch von heute und die jüdische Bibel. Aus einer Vortragsfolge (November 1926)” in *Martin Buber Werkausgabe 14, Schriften zur Bibelübersetzung*, herausgegeben, eingeleitet und kommentiert von Ran HaCohen. Gütersloher Verlagshaus.

——ca. 1938 (2012), “Warum und wie wir die Schrift übersetzen” in *Martin Buber*

Werkausgabe 14, Schriften zur Bibelübersetzung, herausgegeben, eingeleitet und kommentiert von Ran HaCohen. Gütersloher Verlagshaus.

——1950 (2011), “Zwei Glaubensweisen” in *Martin Buber Werkausgabe 9, Schriften zum Christentum*, herausgegeben, eingeleitet und kommentiert von Karl-Josef Kuschel. Gütersloher Verlagshaus（マルティン・ブーバー『キリスト教との対話』板倉敏之［訳］、理想社、一九六八年）。

——1954 (2019), “Nachwort [zu »Die Schriften über das dialogische Prinzip«]” in *Martin Buber Werkausgabe 4, Schriften über das dialogische Prinzip*, herausgegeben und eingeleitet von Paul Mendes-Flohr, kommentiert von Andreas Losch unter Mitarbeit von Bernd Witte. Gütersloher Verlagshaus（マルティン・ブーバー「対話的原理の歴史」、『ブーバー著作集』第二巻、佐藤吉昭・佐藤令子［訳］、みすず書房、一九六八年）。

——1960 (2016), “Begegnung” in *Martin Buber Werkausgabe 7, Schriften zu Literatur, Theater und Kunst, Lyrik, Autobiographie und Drama*, herausgegeben, eingeleitet und kommentiert von Emily D. Bilski, Heike Breitenbach, Freddie Rokem und Bernd Witte. Gütersloher Verlagshaus（マルティン・ブーバー「自叙伝的断片」、『ブーバー著作集』第二巻、佐藤吉昭・佐藤令子［訳］、みすず書房、一九六八年）。

——1973, *Briefwechsel aus sieben Jahrzehnten, Band II: 1918-1938*, herausgegeben und eingeleitet von Grete Schaeder, in Beratung mit Ernst Simon und unter Mitwirkung von Rafael Buber, Margot Cohn und Gabriel Stern. Verlag Lambert Schneider.

Mendes-Flohr, Paul 1989, *From Mysticism to Dialogue: Martin Buber's Ttransformation of German Social Thought*. Wayne State University Press.

Rosenzweig, Franz 1921a (1976), Der Stern der Erlösung, *Der Mensch und sein Werk: Gesammelte Schriften II*, mit einer Einführung von Reinhold Mayer. Martinus Nijhoff（フランツ・ローゼンツヴァイク『救済の星』村岡晋一・細見和之・小須田健［共訳］、みすず書房、二〇〇九年）。

——1921b (1984), "Hermann Cohens Nachlasswerk" in *Der Mensch und sein Werk: Gesammelte Schriften III: Zweistromland: Kleinere Schriften zu Glauben und Denken*, herausgegeben von Reinhold und Annemarie Mayer. Martinus Nijhoff（フランツ・ローゼンツヴァイク「ヘルマン・コーヘンの遺作」、『新しい思考』村岡晋一・田中直美［編訳］、法政大学出版局、二〇一九年）。

——1926/27 (1984), "Die Schrift und das Wort. Zur neuen Bibelübersetzung" in *Der Mensch und sein Werk: Gesammelte Schriften III: Zweistromland: Kleinere Schriften zu Glauben und Denken*, herausgegeben von Reinhold und Annemarie Mayer. Martinus Nijhoff（フランツ・ローゼンツヴァイク「文字と言葉——新たな聖書翻訳のために」、『新しい思考』村岡晋一・田中直美［編訳］、法政大学出版局、二〇一九年）。

——1979, *Der Mensch und sein Werk: Gesammelte Schriften I: Briefe und Tagebücher. 2. Band. 1918-1929*, herausgegeben von Rachel Rosenzweig und Edith Rosenzweig-Scheinmann unter Mitwirkung von Bernhard Casper. Martinus Nijhoff.

Scholem, Gershom 1977, *Von Berlin nach Jerusalem. Jugenderinnerungen*. Suhrkamp Verlag（ゲルショム・ショーレム『ベルリンからエルサレムへ――青春の思い出』岡部仁［訳］、法政大学出版局、一九九一年）。

邦語・邦訳文献

上山安敏 二〇〇九『ブーバーとショーレム――ユダヤの思想とその運命』、岩波書店。

大江健三郎、フルシチョフ、茅誠司他 一九六四『世界人17人の提言《地球を破滅させるな》』、読売新聞社。

佐藤貴史 二〇一五『ドイツ・ユダヤ思想の光芒』、岩波書店。

―― 二〇一八「マルティン・ブーバーにおける歴史と記憶の聖書解釈学――いくつかの諸前提を中心にして」、『理想』第七〇一号。

羽鳥富美雄 一九七六「故野口啓祐教授を悼む（含 略歴・業績）」、『上智大学外国語学部紀要』第一〇号。

水垣渉 二〇〇四「《言葉》の始源」、『ブーバーを学ぶ人のために』平石善司・山本誠作［編］、世界思想社。

ゴットリープ、ミヒャ 二〇一九「ドイツのユダヤ哲学が辿った二つの道――モーゼス・メンデルスゾーンとフランツ・ローゼンツヴァイク」佐藤香織［訳］、『京都ユダヤ思想』第一〇号。

ブーバー、マルティン 一九六七『対話の倫理』野口啓祐［訳］、創文社。

―― 一九六八『人間悪について』野口啓祐［訳］、南窓社。

ブーレッツ、ピエール　二〇一一『20世紀ユダヤ思想家——来るべきものの証人たち』第二巻、合田正人・渡名喜庸哲・藤岡俊博［訳］、みすず書房。

（思想史、北海学園大学教授）

KODANSHA

本書の原本は、一九五八年に『孤独と愛——我と汝の問題』として創文社から刊行されました。原則として原本を可能な限り尊重する方針に則っていますが、訳注などの体裁を整理・統一しました。また、原本で傍点を付された語句のうち、特に重要な「われ」、「なんじ」、「それ」、「かれ」、「かのじょ」については、傍点をやめ〈 〉を付しました。本文中の〔 〕は、特に別記がない限り編集部による注記を意味します。今日の感覚では、明らかに差別的な表現がふくまれていますが、本書が刊行された時代環境を考え、また著者および訳者が故人であることから、そのままにしてあります。差別の助長を意図するものではありません。

マルティン・ブーバー（Martin Buber）

1878–1965年。オーストリア生まれのユダヤ人思想家。主著である本書（1923年）のほか，『対話』（1932年）など。

野口啓祐（のぐち　けいすけ）

1913–75年。早稲田大学卒業。上智大学外国語学部教授を務める。訳書にC・ドーソン『ヨーロッパの形成』（創文社）など。

講談社学術文庫

定価はカバーに表示してあります。

我《われ》と汝《なんじ》

マルティン・ブーバー

野口啓祐《のぐちけいすけ》 訳

2021年８月10日　第１刷発行
2023年７月５日　第２刷発行

発行者　鈴木章一
発行所　株式会社講談社
東京都文京区音羽 2-12-21 〒112-8001
電話　編集（03）5395-3512
販売（03）5395-4415
業務（03）5395-3615

装　幀　蟹江征治
印　刷　株式会社ＫＰＳプロダクツ
製　本　株式会社国宝社
本文データ制作　講談社デジタル製作

ISBN978-4-06-524626-9

「講談社学術文庫」の刊行に当たって

これは、学術をポケットに入れることをモットーとして生まれた文庫である。学術は少年の心を養い、成年の心を満たす。その学術がポケットにはいる形で、万人のものになることは、生涯教育をうたう現代の理想である。

こうした考え方は、学術を巨大な城のように見る世間の常識に反するかもしれない。また、一部の人たちからは、学術の権威をおとすものと非難されるかもしれない。しかし、それはいずれも学術の新しい在り方を解しないものといわざるをえない。

学術は、まず魔術への挑戦から始まった。やがて、いわゆる常識をつぎつぎに改めていった。学術の権威は、幾百年、幾千年にわたる、苦しい戦いの成果である。こうしてきずきあげられた城が、一見して近づきがたいものにうつるのは、そのためである。しかし、学術の権威を、その形の上だけで判断してはならない。その生成のあとをかえりみれば、その根は常に人々の生活の中にあった。学術が大きな力たりうるのはそのためであって、生活をはなれた学術は、どこにもない。

開かれた社会といわれる現代にとって、これはまったく自明である。生活と学術との間に、もし距離があるとすれば、何をおいてもこれを埋めねばならない。もしこの距離が形の上の迷信からきているとすれば、その迷信をうち破らねばならぬ。

学術文庫は、内外の迷信を打破し、学術のために新しい天地をひらく意図をもって生まれた。文庫という小さい形と、学術という壮大な城とが、完全に両立するためには、なおいくらかの時を必要とするであろう。しかし、学術をポケットにした社会が、人間の生活にとってより豊かな社会であることは、たしかである。そうした社会の実現のために、文庫の世界に新しいジャンルを加えることができれば幸いである。

一九七六年六月

野間省一